気づき体験記

旅する魂たちとの不思議な対話

佐々木正禮

たま出版

●はじめに

私は平成十年の二月に四次元で〝死神〟のお迎えを受け、押し問答の末に〝迎えの籠〟に入った。

あの日から四次元での不思議な体験が頻発し、その中の幾つかが現実に直結するようになってきた。

そうしたことは、とうてい他人様に信じてもらえるものではなく、私だけの精神のはじけだと考え、疑うこともなく成り行きに任せていた。

ところが、私以外の方との関係においても再現されることが起こるようになり、発表する必要を感じた。

この本は、私の体験の中から鮮明に記憶しているものを類別し、時系列に示したものである。

著者

目次

Ⅰ　意識を飛躍させたもの

ふたつの籠の「お迎え」

早朝のことである。窓の外は、やっと人の顔が判別できる明るさだった。私はベッドのすぐ側に人の気配を感じて目を覚ました。人がいる……。三人も……。なぜ、いつ、どうして入ったのだろう……。真っ先に考えた。

次に三人の姿が気になった。同じ格好だ。薄黒い作務衣を着ている。一人が私の枕元に立ち、二人はその男のやや後ろに腰を落として控えている。二人の前には、竹を編んで作ったと思われる籠が二つ置いてあった。大きさはお寺の梵鐘くらいだ。左右に並べてあり、左側のものが幾分大きめに見えた。

私が一通り見回す頃合いを待っていたのであろう。立っていた男が、私に向かってはっきりと言った。

「君を迎えに来た」

私は瞬間に自分の死を意識した。〝お迎え、死神〟と子供の頃に老人から聞いていたことを思い出した。

私は布団に入ったまま、出来るだけ冷静に恐怖心を抑え、わざと横柄な態度をとった。それは本能的な反射行為だった。

「それはどういう意味だ！」

と聞き返した。

「君はもうこの世には住めないのだ！」

事務的に答えてきた。

「誰が決めた！」

と問い返して、月並みな台詞に冷や汗を感じた。

「それは君がこの世に生まれるときに自分で決めたことだ。君以外の誰が決めたことでもない」

静かに答えてきた。

「生まれるときのことは知らん！　自分の人生について、一つだけ強烈な意志で決めたことがある。それは、私の父親より一日でも長生きすることだ。あと五年ある。その日が来たら自分から知らせる。それまで延ばしてくれ」

「ダメだ！」

命令的な口調だった。

「どうしても一人連れていくのが役目なら、私には二人の兄がいる。長兄は間もなく父が他界した年齢になる。そのうえ、最近は病弱で入退院を繰り返している。その兄を連れていってくれ……」

言い終わって、私はハッとした。いかに死に直面しているとしても、これだけ冷徹な計算をもとに、スラスラと交渉できる自分は一体どんな生き物か！……自戒の念が身を震わせた。

「それはもっての外だ。許されることではない」

今度は諭すように言った。私も先の発言で反省していたので、矛先を変えて条件を提示した。

「よくわかった。従う。……五分だけ待ってくれ。家族に一目会ってくる」

隣の部屋に妻がいる。事の成り行きを話し、分散している資産の在り場所、仕事のこと、また、自分が今まで何を目指して生活を組み立ててきたのか……。伝え、話したいことが次々に浮かんだ。

それにしても、この日が来ることは明確であったのに、何も手をつけていなかった。絶体絶命のときに、こんな欲の嵐に巻き込まれるとは……。反省とも、絶望とも、逃避ともつかぬ感情に翻弄されているとき、

「我々は、君を次の世に案内するために来たのだ！　喜んでもらっても、憎まれたり、

迷惑がられる筋合いはない！　どうしても五分待てと言うなら、我々は即刻帰る。二度と君の所には姿を見せない。しかし君は、五分後か、一年後か、五年後か……必ず次の世に旅立たねばならない。そのときは一人旅だ！　その道中で受ける苦しみは、今ここで旅立つことに比べたら、比較することも出来ないほど重く、永く……、終わりのない苦しみだぞ」

そこまで聞いている間に、私は布団の上に正座をしていた。そして、案内人の言葉を遮って、

「お願いします。すべてお任せします。それで私は今どうすれば良いのですか？」

殊勝な振る舞いに変わっていた。

「ここに籠が二つある。右の籠は我々が持ってきた。左の籠は君が生まれてから今日まで入っていたものだ。君は自由奔放に生きてきたつもりだろうが、この籠の中だけにいたのだ！

右側の籠に入ったら、この二人が君を案内してくれる。どうしてもこの世の生活を続けたいのなら、左側の籠に戻れ！　好きなようにしろ」

立っている男が話し終わると同時に、控えていた男が二つの籠を倒して籠の底を私の方に向けた。

「アッ、籠には底がありません。持ち上げたとき落ちるのではありませんか？」

私は真面目に聞いた。しかし、この質問をさせた私の無意識は、旅立ちを一分でも一秒でも遅らせたい一念からだとすぐに気がついた。そして〝生きること〟への執着の強さを改めて感じた。

「体はここに置いていく。魂だけ案内するのだ。魂はどんな場合でも浮き上がる。心配するな。この世の籠は地面に伏せるのだから、底がないのは当然だ」

この説明は納得できた。

実に多くのことが意識を貫いていった。〝死の瞬間に一生の出来事を思い出す〟と聞いていた。遂にそのときだ……と思って、私は右側の籠に近づき、頭から肩の部分まで入れた。不思議なことに、もはや何の感情も浮かばなかった。

そのとき、〝ザーッ〟と音がして、二人の男が籠を元通りに立て直し、私の全身にかぶせた。と同時に、視野が三百六十度に開けた。自分の後ろもよく見える。それに天は高く、見渡す限りの大平原だ。どこまでも黄金色に輝いている。

「こういうことなんだ」

と思わず口にした。同時に、子供の頃の遊びを思い出した。

かごめ　かごめ　籠の中の鳥は　いついつ出やーる

月夜の晩に鶴と亀が滑ったー
後ろの正面だーれ！
たしかに、後ろが見えている……。目の前と同じように……。右も……、左も……、上も下も……。
私は、球体の中に浮かんでいる目玉になっている……。

亡き祖父母との再会

視界が急に開けた。広い……。麦秋だろうか。どこまでも黄金色が続いている。遠くを見て気がついた。碁盤の目のように区切られた線が見える。区画整理された分譲地のようだ。多少の起伏はあるが、ほとんど平面だ。今までこうした光景は見たことがない。

私は歩いたとも飛んだとも思わないのに、目の前に人が見える。麦畑かと思ったが、普通の地面だ。ただ土の色が黄金色なのだ。

その人は、私が幼い頃に同じ村に住んでいた人だ。当時と同じ服装をしている。二十年も前に亡くなった人なのに……。この意識が浮かんだ瞬間に、彼の隣に女性が一人笑顔で現れた。

彼女も三十年以上前に他界している。二人は夫婦だった。子供さんはなく、二人暮らしだった。当時の大人たちは、夫婦円満を表現するときに、判で押したようにこの二人の家庭を話題にしていた。

私は、とっさに目礼をした。二人とも笑顔で答えてくれた。先ほどまでの大平原が、いつの間にか三人が向き合っている二坪くらいの地面になっている。他には何もない。相変わらず、地面と目の前の二人は黄金色に輝いている。

　私が先に口を開いた。

「ここに来ておられたんですか」

「そうだよ」

「他にも村の人が来ておられますか？」

「多分ね。でも探したことも、探されたこともないから……本当のことはわかりません」

「それにしても、こんなに見通しの利く所ですから、永い間には偶然出合うこともあるのではありませんか？」

「この地には偶然はありません。自分の意識から全てが生まれるのです。見よう、探そう、欲しい……と思わなければ何も現れません。反対に意識を向ければ、その瞬間にあらゆることが自分の思いどおりになります」

「始めから気になっていたのですが、塀も壁もない住まいでは、外から丸見えで困るのではありませんか？」

　私には向こう三軒両隣の人たちがチラチラ見えていたので、ぜひ質問したいことだった。

「先ほども話したように、見たいと思わなければ何も見えません。ここに住んでいる人たちは、自分以外を見る必要も知る必要もないのです。見る、知ることから自分と他人を比べる心が生まれ、不安、恐怖、争いが起こり、自分を破滅に陥れることになります。そんな生活は現世でもう卒業した人たちが、この地に来ているのです」

「屋根もありませんが、雨や風、暑さ寒さに困るのではありませんか？」

「現世での風雨や寒暖の意味のものは、この地にはありません。雨が欲しいと思った人の所には、雨が降った状態が現れます。寒暖についても、一人一人が望む状態がその人を包みます。したがって、今日の温度とか、今日の天気といったものはこの地にはないのです」

「もう一つ聞かせて下さい。台所もトイレもないようですが、どうしておられるのですか？」

「それも先ほどから話しているように、食べたい飲みたいと思った瞬間に、食べたり飲んだりした状態になります。排泄についても、その欲求が起こった瞬間に終わった状態になります……。現世から直接この地に来た人は、みんな同じ質問をされます。以前にもあなたと同じことを聞く人がいました……。この地に来るには、途中でいろいろな経験をするのですがね……。その人たちは、ごく自然にこの地の生活に入ることが出来るのですよ。ひょっとすると、あなたはもう一度現世に帰らねばならないかもしれませんよ」

この言葉を最後に、二人の姿が消えた。辺りは大平原になり、私はただ一人ポツンと立っていた。

とにかく広い。何キロ、いや何十キロの彼方も意識を向けた所が、拡大鏡を当てたように思いのままに見える。私は、少年の頃に親しくしてもらった人たちを探すことにした。そのために、この地の家庭と思われる一区画、一区画に意識を向けた。見える。一人、二人……、五人……、どの人も何十年も前に他界した方だ。誰もが、私の脳裏に一番印象深く残っている服装である。

「もっと……、もっと……」

と自分を励ましながら探し続けた。

そのとき、まったく無意識に一つの区画が飛び込んだ。

一人のお婆さんと顔が合った。お互いに、

「アッ!」

と叫んだ。祖母だ。祖母も私がすぐにわかったようだ。大急ぎで今までの話をした。

ほとんど私が一方的だった。祖母の第一声は、

「稔さんがまだ来ていないんだよ」

だった。と同時に、祖父が現れて笑顔で祖母の横に立った。

「お父さんはもう二十八年も前に亡くなりましたよ」

と伝えながら、今でも我が子のことを心配しているんだ、と思った。父が生まれてから百年も経っているのに……。

「知っている。私たちが旅立ってから、ちょうど十年後だったね」

と祖母が言い、祖父も頷《うなず》いた。そのとおりだ。死んだ人と話をしている気分ではない。幼い頃に同居していたときと同じだ。

周囲の景色は全て消えていた。三人が立っている僅かな地面だけがある。ここも黄金色に輝いている。先ほどの場所と同じだ。他には何もない……。祖母が突然、

「急がなければ……」

と切羽詰まったように言った。

私はキョトンとしていた。

「日が暮れる。それまでに川を渡らなければ……」

と言葉を続けた。さらに、

「この地の日没は現世の夜明けだ。それまでにお前は帰らなければ、ここに残ることになる」

　と火がついたように言った。

「ここでお婆さんと一緒に暮らすんだと思いますよ」

と前置きをして、最近現世で私の身辺に起こっている不思議な体験を話した。

「違う。お前の役目はまだ残っている」

　と命令的になった。

「川岸まで連れていってあげる」

　私の手を取った。ひと飛びだった。目の前に大きな川が現れた。二人とも砂利の上に立っていた。

「まだ間に合う。急げば間に合う。日の出までに必ず渡り切るのだよ。私はこれ以上は手伝えない。この川がこの地と現世の境界なんだ。またおいで……。ここまでは迎えに来るから」

　私は大急ぎで川に向かって走り込んだ。そのときに気がついた。昨夜、たしかにこの川を渡った。そのときは東側から西側に向かっていた。今は西側から東側に向かっている……。間違いない。気持ちがとても落ち着いてきた。

無事に着いた。日の出までにはまだ時間がある。新聞バイクの音が近づいては遠ざかっていく。いつもの朝と同じだ。

今日の祖母は、五十年前と少しも変わらない迫力があった。当時の祖母はとても力のある話し方をする人だった。それは言葉の理解を超えて、細胞に浸み込ませる感じだった。

あるときは教育的に、またゲーム的に、あるいは芸術的に歌や比喩を使ったり、宗教的な幻想を駆使することもあった。その中で、私が少年期から青年期に〝旅立つ〟きっかけとなった思い出深い言葉がある。

『自分に丁度いいものは、世界中どこを探してもない』。この台詞は祖母の口癖だった。そして祖母は、幸運に出合っても、不運に出合っても、身の回りに起こる全てのことを受け入れていた。

私が十五歳の春に、家族と離れて高校の寄宿舎に入ることが決まったときには、祖母は持論を〝さりげなく〟私の意識に植え付けようとしていた。

「私たちは何かを買うとき『丁度いいものがあった』と言い、人が訪ねて来たとき『丁度いいところに来てくれた』と喜び、また食事のときに『丁度良かった。これを食べたいと思っていた』などと〝丁度いい〟を連発しているが、〝丁度いい〟と思った瞬間に次の考えが浮かんで〝丁度いいもの〟ではなくなっている。そこで次の〝丁度いいもの〟を探すことになるが、世界中を探し回ってもこの繰り返しで、〝丁度いいもの〟を探し当てることは出来ない。現実に目の前に起こっていることを、そのままダンゴにして受け取るのが一番いいのだよ。これからは他人の中で暮らすのだから、何があっても、このことを忘れないように……」

といった主旨だった。

細胞に植え付けられたこの生活態度は、私の人生の節目、節目で大きな働きをしてくれた。

「お前の役目は、まだ残っている……」

今日祖母に言われた言葉が体に浸み渡ってきた。きっと細胞を活性化させてくれることだろう……。楽しみだ。

見渡す限りの大平原が見えてきた。黄金色だ。

口笛に誘われた奇妙な体験

数年前から、ミュージックテープを聞きながら床につく癖がついた。

その日は友人が、

「とにかく一度聞いてみろよ」

と親切の押し売りか、大きなお世話……のように貸してくれたものを聞くことにした。それというのも、近いうちに彼と会うことになったので、感想を聞かれたとき私が困るからである。

そのテープには〝お清め〟と書いたラベルが貼ってあった。多分、何かをダビングして適当に名前を付けたものだろうと思いながら、ステレオのスイッチを押した。

予想とまったく違う音が流れた。拍手の響きだ。何かのリズムを取っている。一定のサイクルで繰り返している。五分くらい続いただろうか……。

「何だこれは！」

と思いながら、友人の顔を思い浮かべた。テープの音が変わって口笛になった。これは拍手より音楽に近いリズム、強弱、それに高低が組み合わされている。意識をグイグイ引き込む。楽譜があるのだろうか……。それとも思いのままに流しているのだろうか……。時々拍手が入る。時計を見ると十分も続いている。これだけリズミカルに口笛を吹けるとは……。名人だ。不思議な雰囲気をかもし出している。ふと因縁めいた感じが起きた。

私には口笛についての思い出がある。八歳のときだった。父に山道で片道二キロもある所に手紙を届けるように言い付けられた。秋も深まった頃の午後だった。私は元気に走り出して山道に向かった。

手紙を渡して帰りかけた頃、急に空が暗くなった。空を見上げながら、駆け足で石ころ道を急いだ。ザァーッと来た。夕立のように激しかった。山道は小川のような流れになった。寒い。藁草履が破れはじめた。脱ぎ捨て、裸足になった。砂利が足に当たる……。痛い。粘土質の山道はよく滑る。何度か尻餅をついては立ち上がり、ふと、

「今日死ぬのかな……」

と思った。同時に、何か自分に力が欲しかった。唇を尖《とが》らせて息を吹いた……。〝音が出た……。口笛だ……。体から出た力だった……。〟大人を真似て、何カ月も練習していた口笛だ！　小躍りするほど嬉しかった。とたんに心が晴れた。体が軽く

なった。途切れ途切れに口笛を吹きながら、寒さを忘れ、雨を感じることもなく、我が家に無事に着いた。五十年以上も昔のことである。

自分の力を確認した初めての出来事だった。あの体験以来、私は大きな恐怖に出合う度に、何かに気づき、何かが出来るようになった。条件反射のように……。この思い出は、私にとって楽しいものである。テープの口笛が思い出させてくれた。

またテープの音が変わった。呻《うめ》き声である。祝詞《のりと》やお経とも違う。言葉は一言もない。それが数分流れて、

「ハイ、オシマイ」

の一言が入っている。何かの儀式だと思った……。そのときには、かなり引き込まれていた。

もう一回聞いておこう……。ごく自然にスイッチを押した。

拍手、口笛……。そのとき私は、楽しい思い出に浸ってウトウトする気分になった。呻き声に変わった……。間もなくのことだった。私の全身が痺れたように震えてきた。電気をつけようとしたが、体が硬直している。手が動かない。なぜだ……！　その瞬間のことだ。

「出ておいで……」

窓の外で私を呼ぶ声がする。アッと言う間に私は、布団の中で体が硬直したまま、二階の窓ガラスを突き破って外に飛び出していた。後ろを振り向くことも出来なかった。気がついたときは畳の上に寝ていた。寝室を飛び出したままの姿で……。辺りをゆっくり見渡した。実家に来ている。すぐにわかった。母が、兄が、何事もなかったように眠っている。壁も襖も素通しに見える。

「一体これはどうしたことだ」

そのとき、家の外から私を呼ぶ声が聞こえた。寝室で呼び出しを受けた声だ……。私は、母や兄が目を覚まさないように気を遣って、静かに障子を開けようとした。外の声が叫んだ……。

「そのままでいい。外に出ようと思うだけでいい……」

と……。

「でも……」

と言いかけたとたんに、外の声が私を叱った。

「その疑う心が君を壊すのだ。早く出ろ！」

と続けて言った。

本当かな……と頭を掠《かす》めた瞬間に、私は外に出ていた。今度は振り返って見る余裕があった。障子も雨戸も何事もない。元のままである。

私を呼ぶ声は、遥かに遠くにいっている。あたかも小鳥の巣立ちを促す親鳥のように、次から次に私に多くの体験をさせてくれた。

ビル街では、隙間を探す私にそのまま直進せよと呼びかける。厚い壁を何回も通り抜けた。高いビルで垂直の移動も思いのままだった。そのうえ、全身が空間を飛ぶ目玉のように、視野は三百六十度、上下も全て同時に見える。

見渡す限りの連山に来た。谷間に雲海が見える。綺麗な景色だ。カメラがあったらなーとふと思った。意識にしっかり焼き付けようと集中してその上空を飛んだ。

気がつくと、私を案内してくれた声がどこからも聞こえてこない。

「どうしたものか」

と考えた瞬間、テープの呻《うめ》き声を後に飛び出した私の寝室が見えてきた。心配した窓は壊れていない。いつもどおりだ。

「よかった」

と思ったときはベッドの上にいた。ステレオのパイロットランプが赤く輝いて、静かに私を迎えてくれた。

変わったテープだ……と、聞き始めてからの経過を辿っているうちに、深い眠りについた。

心地よい目覚めだった。昨夜の体験は誰にも話さず、いつもの日課をこなした。帰宅してみると、郷里の兄から宅急便が届いていた。さっそく荷物を開けた。一番上に手紙が入っている。珍しいことだと思いながら中を見た。写真だ！　数枚ある。その瞬間に体中を電気が走った。昨夜、眼下に見た山並みの景色だ。カメラがあれば……と思ったアングルとまったく同じだ！　兄の走り書きが添えられていた。

「絶景の地に林道が完成し、ドライブに出掛けたので……」

と綴られていた。

「こんなことが現にあるんだ」

思わず呟いた。

テープを貸してくれた友人に、素直に、

「ありがとう」

と言おう……。

天へと続く仏壇の光

久しぶりの帰省だった。夕暮れの心地よい風を背中に感じながら、玄関のガラス戸を力強く開け、

「こんばんわー」

と声をかけて土間に入った。土間の突き当たりが台所で、その左前が居間になっているが、どちらにも明かりは見えなかった。

私はいつものように荷物を左側の廊下に置き、無言で表の間の重い木製の引き戸を両手で開けた。すると上手にある仏間から、今までに見たこともない輝くような光が、仕切り戸の隙間から漏れていた。何か仏事だ……と閃《ひらめ》いた。八畳の表の間を小走りに進んで、

「ここにおられたんですか」

と言いながら下座の引き戸を開けた。黄金色の光が仏間を照らしていた。その光は仏壇から吹き出ていた。仏間の中は眩しくてよく見えなかった。

仏壇は縦二メートル、横一・五メートル、奥行き一メートルの大きさで、先祖代々

受け継がれたものだった。子供の頃は、両親、祖父母を含め七人家族が毎日夕食前にお参りをしたものだ。そんな思い出を辿っていると、仏間の様子がほんのり見えてきた。

仏壇に向かって十人くらいの人が正座をしてお参りをしていた。輝く光の中にいながら、その人たちの姿が薄黒いのが異様に見えた。何か肩を寄せ合って小競り合いをしているように見えた。

私は幼い頃の習慣が身についていたのだろう。後ろに座り、手を合わせて念仏を唱えた。私の気配を感じたのか、前に座っていた人たちが一斉に私の方を向いた。驚きと恐怖が身を縮ませた。

誰の顔にも目鼻がない。口もない。ズンベラボーだ。だが私は、その中の一人に、二十八年前に他界している父の顔をハッキリと見た。お互いに顔を見合わせたのはほんの一瞬だった。

「なぜ父とわかったんだろう……。全員黒いフライパンのような顔なのに……」

この疑問が私の意識に残った。また全員が仏壇に向き直って、今度はおしくらまんじゅうを始めた。みんなが我先に仏壇の中に駆け込もうとしている。凄まじい争いだ。

私は念仏を続けていたが、思わず、ほとんど無意識に、

仏間から見た山並と雲海

「仏壇がコワレル！」

と大声を出した。その声と同時に、薄黒い人たちは先ほどの争いが嘘のように、一人ずつ静かに仏壇の中に消えていった。

私は急いで仏壇に近づいて、中を覗き込んだ。あれだけの人が通り抜けたのだから、仏壇はメチャメチャだろうと思っていた。ところが、仏壇は仏像の後ろがトンネルになって、仏壇の次の居間を通り抜け、家の屋根を貫き、さらに裏山へと続き、高く空に繋がっていた。

トンネルを見ているとき、また父の顔が私の意識に浮かんだ。人影の何番目かに仏壇に吸い込まれるように消えていくとき、私の方に振り向いた顔だ。楽しそうに、嬉しそうに、そしてありがとうとも、さようならとも、元気でなとも受け取れる表情を置いていった。

相変わらずズンベラボーの顔だが、たしかに私にそう感じさせてくれた。

この仏間は、二十八年前に父の葬式をした場所だ。そのとき、棺の小さな扉を開けて父との別れをした。父は無表情だった。私は自分の想いで父の顔を見つめた。私は三十四歳だった。

今度が二度目の別れだとすれば、今度は父の想いを私に投げかけてくれた気がした。私は六十二歳、父が他界した年にあと五年だ。

現在この家には、母と兄夫婦と甥が住んでいる。外は暗くなった。まだ誰も帰ってこない。

相変わらずトンネルの最上部から、黄金の光が堰を切ったように噴き出してくる。私はその光に包まれて、深い眠りについた。

信じたものが見えたとき

その日は昼間の興奮が尾を引き寝付きが悪かった。いつものことだが、体が何かチクチク、ジンジンする。やられている。何に……と一日を思い返し、意識の波紋に身を委ねた……。

浅い眠りについた。周囲の音はまだ聞こえている。その音の中で、

「オーラだ。オーラだ……」

という数人の声が私を目覚めさせた。声が段々と近づいてくる。一番先に私に近づいた顔から、

「あっ、君だったのかー」

と呼びかけの声が出た。

その顔を寝ころんだまま見上げると、三十年くらい前まで一緒に仕事をしていた上役の一人で、自分の意識の中では怒り、憎しみ……といった感情を持ち続けていた人だった。当然のことながら、目覚めは気分の悪いものだった。私は反射的に、

「何のことですか?」

と問い返した。

「オーラが見えたんだ。虹のように、狐の嫁入りのように……。

その光の元を追いかけて来たら、君がいたんだ。あれは君のオーラだったんだ……」

とても明るく、楽しそうに、そして嬉しそうに話しかけてきた。彼は誰に話しかけるともなく、自分本位に喋り続けた……。

「真っ暗な中に少し光があったんだなー。その小さな光が、君のエネルギーに反射したんだ。君は眠っていたんだろう。それでもあれだけのオーラになったんだから、凄いよ、君のエネルギーは……」

彼は際限もなく続ける気配だ。

私は少し体を動かして辺りを見渡した。いつ集まって来たのだろうか。暗闇の中に、薄黒い衣服を着た顔も名前も知らない人たちが、みんな私に背を向けて寝ころんでいる。十人ぐらいはいるようだ。眠っているのか、彼の独り言のような話を聞いているのか、私には判断できなかった。

そのとき、部屋の角の方で一人の老人が立ち上がった。顔だけがほんのりと明かりに照らされて、やっと判別できた。その老人の顔を中心に見渡すと、今まで十人ぐらいが寝ころんでいると思っていた部屋は、大草原の一部だった。そのうえ、辺り一面に石ころを敷き詰めたように人の頭が見える。その人たちが立っているのか、座っているのか、しっかり見極めようとしたが、どうしても確認できない。

そうした中で、老人が私に向かって静かに語り始めた。

「今、君が聞いた話は全て正しいんだよ。太陽、月、星の光は誰にも見える。虹や狐の嫁入りや蜃気楼は、ほとんどの人に見えるが、意識をそこに向けていない人には見えない。人は見たものを信じる他に、信じたものが見える部分があるんだ。〝ものが見える〟という原理は、物体、物質に光が反射することだ。オーラはエネルギーに反射した光だ。もちろん、エネルギーは物質だよ。

だからオーラは人間だけではない。動物、鳥類、昆虫、草木……、エネルギーを発揮するもの全てにあるんだ。ただ反射するためには、光との相性と、見る人の意識が絡んでくる。だから、いつもエネルギーがオーラになるとは限らない。それは虹や蜃気楼の原理とまったく同じことだ。だからオーラは神秘でも迷信でもない。科学そのものだ。君が先ほどの話を退屈そうに聞いていたので、これだけ付け加えたんだ。……僕がいつも君の側にいることは、〝気づいている〟だろう」

老人は静かに消えていった。

老人をはっきりと思い出すことは、結局出来なかった。ただ、初めての顔と声でなかったことは確かである。とても心地よく聞くことが出来た。別れた後も体の中に余韻が残った。

　興奮も醒めたようだ。チクチク、ジンジンも消えている。


「信じたものが見える！」

という老人の説が、私の幼児体験の一つを思い出させた。

それは間もなく六歳になる初夏のことだった。近所の人に、ドブネズミくらいの野兎の子を貰った。その人が朝の山仕事で捕まえたものだった。

　大喜びで持ち帰り、さっそく木製の箱に入れた。

まず餌だ！　野菜や草を十分に与えたが、私が見ているとおびえて何も食べない。

「そのうち馴れるだろう」

と思って、なるべく見ないように一日を過ごした。

「あの兎はどうしたのだ?」

と夕方祖父に聞かれたので、貰った人の名前と、これから自分で飼う計画を伝えた。

すると祖父は即座に、

「野兎は、お月さまの使いでこの世に生まれているのだから、満月の夜に、きっとお月さまが助けに来るよ」

と言った。私は〝嘘だ〟と直感した。

兎は餌を食べるようになった。だが私が見ていると、相変わらずおびえていた。私は今でも、そのときの野兎の子がピクピク震えていた姿を思い出すことがある。

数日を経て満月が近づいてきた。五十年も前の農家では、毎日の会話に何回も月齢が出てくるので、子供でも十五夜はよく知っていた。

祖父の言葉も少しは気にかかっていたので、十五夜の晩は特に気をつけて戸締まりをし、外から見えないように兎の箱に莚《むしろ》を被せた。

翌朝真っ先に兎を見にいった。莚が剝がされている！　不安が走った。いない！　兎がいないのだ！

祖父が逃がした！　瞬間に確信した。私はこの真実を確かめる作戦を考えた。朝食まで誰にも言わないでいた。

当時の朝食は、祖父母、両親、それに二人の兄と私、七人家族全員が囲炉裏を囲んで正座で合掌し、〝イタダキマス〟と一斉に声を出してから食べ始める習慣だった。

その声が終わるのを待ちかまえて、

「誰が兎を逃がした！」

と大声で、満身に怒りを込めて叫んだ。そして、六人の顔を一様に睨みつけた。全員キョトンとしていた。

一番に口を開いたのは祖父だった。

「ゆうべは満月だったから、お月さまが連れていったんだよ」

と言った。笑顔だった。

他の五人は何事もなかったように食事を済ませて、それぞれの行動に移った。みんな私が兎を大事に飼っていることを知っているのに……。

私は悔しさで身震いしていたが、本能に任せた行為はしなかった。五人の素っ気ない態度は衝撃だった。

だが、その間に五人が、無言の中でそれぞれ私に語りかけているものを感じ取ることが出来た……初めてのことだった。

この一件は、私の人生に大きなエポックとなった。その朝が、私にとって幼児から少年への〝旅立ち〟となったのだ。

祖父の言葉どおり、あの野兎の子は、〝お月さまの使い〟で私の元に来てくれたのだと今も信じている。そして、少年期に急に豊かになった感情の起伏を思い出す度に、祖父と野兎の出合いに感謝している。

さて、先ほどの老人の言葉は、六十歳の私にとって、どこへの〝旅立ち〟なのだろうか……。

II　ズンベラボーとの出合い

旅立つ浮遊霊との対話

体がジンジンする。最近この感覚で睡眠を破られることが多い。時間は、判で押したように午前二時である。多少の前後があっても三分か五分くらいまでだ。ジャスト二時が半分以上はある。

それから約一〜二時間、私の体である〝行事〟が始まる。いつも同じ進行だから一旦その幕が開くと、終わりのベルが鳴るまで、あたかも名作の観劇をするように静かに凝視することにしている。

胸の部分から、鯰《なまず》によく似た〝生き物〟がクネクネと頭を出し、スーッと尻尾が胸を離れると、音もなく飛び立っていく。天井を突き抜けているのだろう。そこで私の視界から消える。

この〝生き物〟の旅立ちが、私の胸を衛星の発射台にしているように、一日に何回も続くことがある。一回だけの日もある。

降りてくるのは見たことがない。〝生き物〟が抜け出すときの感覚は、体の中を風が吹き抜けるように寒い。そして後には、親指ぐらいの大きさの穴が微かに見える。身震いしながら、しばらく我慢していると、体温も上がり、穴も元通りになっている。

だが、一日に五～六回もこれが続くと、身震いだけでは体は温まらない。胸は蜂の巣状に穴だらけになっている。とにかく寒いのを通り越して体が冷たい。そのときは起き上がって、パジャマの上にセーターやガウンを重ね着したり、布団を一枚掛け増ししたりしている。

そして、眠りにつく。

この行事があった日の目覚めは、実に壮快な気分のときと、何となく頭が重く気分の晴れない状態とに二分される。繰り返し見ているうちに、その差は旅立つ〝生き物〟が私の胸を離れるときの姿の違いによることがわかった。

私が見た感じで〝生き物〟が綺麗な姿で飛び立つときと、醜い姿で飛び立つときの差が気分の良し悪しに比例するのだ。

〝生き物〟は大きさ、形、色、動き……、ほとんど同じなのに、私が受け取る感じに美醜があるのも不思議なことである。

今日はそれを激しく感じた。いつものように、同じ〝生き物〟が十回以上も飛び立ったであろうか。胸の穴も蜂の巣状になった。体も冷たくなった。これで今日の行事は終わりだろう……と思っていると、また薄い黄色の頭が見えてきた。これは違う。私は思わず声をかけた。

「ちょっと待って！」

〝生き物〟に声をかけたのは、初めてのことだった。〝生き物〟は私の方に振り向いた。ある……。目鼻が……微かに見える。いつもの〝生き物〟は、薄黒いズンベラボーなのに……。

「君たちはどこに行くの？」

と聞いた。

「次の世に旅立つのです」

その答え方と微笑は、私にお礼を言っているような感じだ。

「今までも君と同じように私の胸から抜け出していったが、みんなそうだったの？」

「そうです。私たちはこの世で言う浮遊霊なのです。人間は現世で寿命を終えると、体を置いて次の世に旅立ちます。そのとき、体を離れた〝霊〟はこの世に四十九日間滞在して、思い残している事柄の始末をつけることを許されています。その間、七日毎に合計七回まで区切りの知らせを受けます。多くの〝霊〟はその合図をキッカケに旅立ち、遅くとも七回目の知らせを受ける四十九日には、多少の思い残しがあっても旅立っているようです。

ところが七回目の合図を受けても、この世の未練を捨て切れず旅立たなかった者は、もう自分の力では旅立てないのです。永久にこの世を浮遊して、迷い続けなければなりません。

これも初めのうちは、それほど苦痛ではありませんが、何百年、何千年も浮遊していると耐えられません。たとえ次の世が地獄であっても、旅立ちたい衝動にかられ、とても苦しみます。……しかし、それを果たすには、この世に生きている人の体を借りて、もう一度死に直しをして旅立つ他はないのです。理由は死後四十九日間で旅立つためのエネルギーが枯れてしまうからです。そのために生きている人に〝取り付いて〟エネルギーを頂くのです。私は二十日前に、あの神社のあの鳥居の下であなたに頼りました……。

私たちは頼りやすい人を待ち受けて〝取り付き〟、その人を〝踏み台〟にして旅立つのです。取り付きやすい人には、常に何体もの浮遊霊が取り付いていますから、私たちにはすぐにわかります」

たしかに私は、その日に歴史上の旧跡である小都市を散策し、鳥居を何カ所も通った。〝生き物〟の説明は合っている。

「あの日は多くの参詣者で賑わっていた。〝取り付かれている人〟も多くいたと思うのに、なぜ私を選んだの?」

「私たちは、エネルギーを貰うだけではありません。踏み台にする人によって〝着地点〟が違います。私たちは永い間浮遊していますから、どんな人から旅立てばどこに行けるか推測できます。多く〝取り付かれる人〟は、その方が旅立って着地される所と同じ着地点を浮遊霊も希望しているからです。私は今日あなたから旅立ちます。もう十二番目です。あなたは人気があるのです。私たちに……」

「それは君たちの言い分だよ。私は以前、霊障治療をする方から『二百体もの浮遊霊に取り付かれている』と言われ、除霊を受けたことがある。その者たちはちゃんと旅立っているのでしょうか?」

「それは基本的にダメです。そのとき、あなたから取り除くことは出来ます。しかし次の世に旅立ってはいません。エネルギーの補給が完全に終わっていませんから……。私たちは充分に準備をして自分の意思で旅立つのです。無理に切り離しても、またあなたを探して〝取り付き〟ます。あなたの所に帰ってきます。そのときは団体で来ますよ。その方が心強いですもの。それに、あなたの〝頼り心地〟も浮遊霊仲間の噂になりますしね……」

「先ほど、体を離れた〝霊〟が七日毎に七回知らせを受けると言いましたね。その知らせは、誰が、どこから、どのように知らせてくるのですか？」

〝生き物〟は初めて笑みを浮かべた。その表情は、私の無知を嘲笑っているように感じられた。

「あまりにもこの世的で、現代的な質問ですね。人間は生まれて一年で前歯が生え、三〜四歳で乳歯が生え揃います。そして六歳頃から永久歯に代わり始め、二十歳前後に〝親知らず〟と呼ばれている奥歯が生えて三十二本が完成します。

これは時計も暦もなく、年齢を数える数字さえなかった時代から同じです。この歯だけを見ていても、自分の成長、周囲の人達の変化が正確に掴めます。その他にも体には、時の経過と共に変化していろいろなシグナルを送ってくれます。

もうおわかりでしょう。体を離れた〝霊〟は、その瞬間から変化、成長を始めます。その成長に七日毎の大まかな区切りがあり、七回目で歯のたとえで言えば三十二本が完備されるのです。

知らせと言っても、次の世から手紙が来たり、ベルの鳴る音が聞こえたり……と言うことではありません。

私たちがそれぞれ自分の変化に〝気づいて〟、自覚に基づいて旅立ちます。ところが七回目の合図までに成長が出来なかったり、つい〝ウッカリ〟忘れてしまったり……、いろいろです。私は意識して残りました。不覚でしたよ」

〝生き物〟の笑みについて、私の直感は当たっていた。それにしても、この説明は納得できる。

そのとき、私にまた一つの疑問が湧いた。胸の行事が始まって、私から旅立った〝生き物〟を見たのはかなりの回数だが、コミュニケーションがとれたのは今日が初めてだ……。前の質問に対して嘲笑を受けたことは気になったが、思いきって問いかけた。

「〝霊〟とこの世に生きている者との相性はあるのですか?」

「当然あります。しかし、生きている人が気を遣っても無駄です。〝取り付く〟のも〝飛び出す〟のも、私たちが百パーセントの選択権を持っているのですから……。あなた方は、取り付いた私たちにどう対応するかだけです」

この〝生き物〟と私はきっと相性が良いのだろう。答え方がとても丁寧に思える。

この〝生き物〟の説明に吸い込まれてきた。私は質問を続けた。

「君が私を踏み台にしようと思って私に取り付いて、今日までに二十日も経っていると言いましたね。仮にその間に、私自身が旅立ったら、残った君はどうするんですか?

私の体を使って、この世に戻るのですか？　また君以外に私に〝取り付いている者たち〟はどうなります？」

魂の入れ換わりとか、多重人格との関連を確かめようとした。

「それは私にはわかりません。確実に言えることは、先にもお話ししたように、私たちはこの世で生きている人を踏み台にする以外に旅立つ手だてがありません。そのために、頼った人がいつ死ぬか予測が出来ます。踏み台にする人の死期が近づいたときには、〝取り付いてる〟私たちは一斉にエネルギーを毟《むし》り取り、旅立ちの準備をします。その状態は、きっとこの世の人にもわかるのでしょう。『死神に取り付かれてる』とか、『死相が現れている』と囁かれるのがこの姿です」

「旅立つために取り付くのなら、なぜすぐに旅立たないのですか？」

「それはいろいろです。居心地の良い人に取り付いて、何年もとどまる者たちもいるようです」

「居心地が良いとはどういうことですか？」

「それは取り付いた者たちの想いを、頼った人を通じて徐々に広げていくことです」

私はムッとした感情を抑え、次の質問をした。

「それでは踏み台として利用するついでに、シャブリ尽くすことではありませんか？

「……」

「そうです。この世では〝霊障〟と言っているのがこれです。でも私たちはそれを悪いことだとは思いません。〝取り付かれた人〟には必ず変化が起こるはずです。それをもとに〝何かの気づき〟があれば、それで〝あいこ〟なのです。現に私はあなたを利用しました。しかし、あなたはそれを縁に私からいろいろと聞き出しました。これは私からの〝置き土産〟です。私は質問を受けなければそのまま旅立ちました。

あなたが〝気づかない〟こと、〝質問しない〟ことの責めを私は負いません。

仮に、あなたが今日私と話したことを本で読んだり、この世の他人から聞いたとして、現在のあなたの心境になれるでしょうか？　私たちが取り付いたことを〝霊障〟と呼ぶのは、この世の人たちの〝言いがかり〟です。

むしろ、取り付かれやすい人は、この世で多くの〝気づき〟を得られるチャンスに恵まれているのですから、ご自分を喜ばれることが良いでしょう。もし〝何も気づかない〟のなら、気づく必要のないご自身に満足されたら良いのではないでしょうか。これが全てを赦すバランスの取れた〝生き方〟だと私たちは考えています」

この答えは、今の私の心境を見透かしている。たしかに、これだけの内容のものを、本や人の話で否定しないで受け入れただろうか。私は少し動揺したようだ。とっさに質問を口にしていた。

「よくわかりました。もう一つ教えて下さい。今までの説明を聞くと、私の体から旅立つということは、親子か兄弟のようなものでしょう。とすれば、あなたや今まで私から旅立った方は、次の世で私のことを覚えているのでしょうか？　もっと言えば、私が次の世に着いたとき、私を探して面倒を見てくれたり、私を踏み台にしたことのお礼を受けるのでしょうか？」

と言い終わって、自分自身の欲の一面を感じ、本性を見せた嫌な思いをしていた。

「それは私にはわかりません。……でも私は忘れないと思います。約束は出来ませんがね」

と薄ら笑いの影を残して旅立った。その表情には、何もかも聞き出そうとする私に対して、『一体自分はどんな心構えで送り出しているの？』と問い返されているような残像があった。しばらくして、

「それはあなたの意識が決めることですよ。つまり、あなたが次の世で〝どうして欲しいのか！〟その想いを乗せて送り出せば、そのとおりになるのです」

と微かに響いてきた。

きっと、先ほど旅立った黄色の〝生き物〟が送ってくれたのだ。

「ありがとうー」

と叫びたい気分になった。

この会話が終わったとき、私の体は冷え切っていた。震えが止まらない。しかし不思議な安らぎを感じた。

今日の行事はこれで終わりだろう。私は、起き上がってガウンを着込み床についた。どんな目覚めになるのだろう……。

考えながら床についた。

命に始めも終わりもなく

この次に黄色の〝生き物〟と交信が出来たら、〝輪廻転生〟について聞いてみよう。確実に一回以上は〝霊体〟になっているのだから、何か教えてもらえるだろう……と考えながら床についた。

この響きは交信の前兆だ。体がジンジンして、左右に転がるように動き始めた。今日は早いぞ……！　来た！……午前二時だ……。

「最近あなたが私に注目しているので、ついあなたの方向を見る習慣になりましたよ。今日もあなたの光が昇っていたので、さっそく私にわかっていることをお話ししましょう。

〝輪廻転生〟と言いますが、それよりも〝命は続く〟と表現した方が、実体により近いと思いますよ。

たとえば、みなさんが銀行に行って預金口座を開設しますと、新しい通帳に預金した金額を記入して渡して貰います。それから、お金の出し入れをする度に通帳に記入し、通帳がいっぱいになると新しい通帳に残高を記入し、古い通帳には〝使用済み〟の印をつけられて新しい通帳と一緒に受け取るでしょう。この新しい通帳もいっぱいになれば、古い通帳となって新しい通帳に残高が引き継がれます。預金の出し入れを続ける限り同じ繰り返しです。

この場合の通帳を肉体、残高を命と考えて下さい。通帳がいっぱいになったときが肉体の〝死〟です。そのときあなたは、〝仕方がない〟と言って残高を放棄しますか？……決してしないでしょう。

預金通帳で本当に値打ちがあるのは、紙で出来た通帳ではありません。大切なのは残高です。そこで新しい通帳に残高を記入して貰います。

新しい通帳は形が変わったり、デザインが変わることもありますが、残高は決して変わることはありません。

このように人間も、物質で出来た肉体は生まれ変わり、死に変わって、体形や性別……、また見映えなどは変わりますが、預金の残高に当たる〝命〟は変わることなく続くのです。

ただ人間の場合は、通帳のように直接その場で、というわけではありません。必ずその間に〝霊体〟になります。そのとき、肉体が必要でない世界に行けば〝霊〟のままで良いのですが、〝この世で霊の活動〟をするには、どうしても肉体に〝命〟として帰ってくる必要があるのです。

そこで〝霊〟が〝肉体が欲しい〟と決心すると、親に宿ります。すなわち、父母を縁として〝もう一度生まれる〟のです。百パーセント自分の意思で、親を選んでパッと行きます。

そのとき、選択の基準を父にした〝霊〟は女として生まれ、母を基準にした〝霊〟は男として生まれます。そして新しい肉体の〝氣〟を父に託し、〝形〟を母に託すのです。

これについては、ご自分の身の回りを見渡して下さい。いろいろと思い当たり、頷《うなず》ける点も多いと思いますが……。

そして、預金通帳の残高が新通帳に記入されるように、〝霊〟の期間に残高の増減がどれだけあっても全てを引き継ぎますから、前世の肉体を離れたときの残高ではありません。

それどころか、始めもわからないほどの前世から〝霊体〟の期間を含め、全ての経過を記録された膨大な〝過去帳〟を携えています。

これが世に言う〝その子が持って生まれたもの……〟です。預金通帳にたとえるなら、何回新しい通帳に変わっても、口座の開設をしてからの古い通帳を全て綴じ込んでいるのと同じです。

ですから、同じ親から生まれた兄弟が桁違いの一生を送るのも、持ってきた〝過去帳〟の差なのです。

したがって、親子の関係を親の立場から見れば、子供に対して、『親として選んでくれてありがとう』の一語に尽きるでしょう。

子供は親に対して〝何かを気づかせ〟、人としての行動の幅を広げ、深さを増すために、自分を親として生まれてくれたものと信じて、『何歳まで責任を持とう』と誓うことでしょう。

人間は本来弱いものです。特に親子関係については心が揺れます。強くなるには〝信じる〟ことです。『信じる者は幸いなり』と言います。信じたら強いのです。

蛇足になりますが、もう一つお話を続けましょう。

多くの親御さんが、子供は何人いても同じように……と願っておられますが、持ってきた経過帳と残高が違うのですから、その気持ちは〝良し〟としても実現は不可能です。それよりも、親としては子供に何があっても『これで良いんだ』と考えることでしょう。

子供は自分の決心で生まれてきて、自分の意思で活動し、一生の経過と残高には全責任をもって、その全てを〝過去帳〟に記入して、また〝霊〟となって次の世に旅立ちます。

〝命は続く〟のです……。始めもなく、終わりもなく……」

黄色い〝生き物〟の説明が、とても理解しやすくなった。

今日は、次の質問を発信するのは止めよう……と思った瞬間に、通信回線が切れた。お礼の発信もしないうちに……。

「神頼み」か「宣言か」

過日、私の胸から旅立った黄色い〝生き物〟との交信が出来るようになった。今その〝生き物〟が、どこにいるのか私にはわからない。もちろん、あのときから姿も見えない。

しかし私があの日に見た〝生き物〟をイメージして、質問の想いを発信すると、あの日の別れ際に送られてきた響きで答えが返ってくる……。不思議な関係が生まれた。今日も無意識状態で次の質問をしていた。気がつくと、ちょうど午前二時だった。

「私たちには神社にお参りする習慣があります。『苦しいときの神頼み』と言う諺《ことわざ》もあります。先日あなたが旅立つ日に、〝神社の鳥居の下〟で私に〝取り付いた〟と言いましたね。実はあの日、私は何気なくあの神社に足が向き、型通りのお参りをしました。そして何となく健康をお願いしました。神社は日本全国津々浦々にありますが、どんなご利益があるのですか?」

返事が来るかどうかわからない。しばらく待っているうちについウトウトしていた。

来た！……あの響きだ！　体にビリビリ来る。近頃はすぐに言葉に変換できるようになった……。それから次のような交信を続けた。

「心（魂）を支えているものは、大自然から取り入れる〝氣〟です。体を生かしているのは、食物による栄養です。心と体の調和がとれている状態を健康と言います。健康な人は生き生きし、はつらつとしています。その姿は周囲の人を楽しませ、温かみを感じさせてくれます。それがまた調和のとれた生活の土台となり、健康を育みます。ところが永い一生では、何かのキッカケで調和を乱し、健康を損ねることがあります。そのときに一番影響を受けているのが〝氣〟です。

〝氣〟は目に見えませんから、つい軽視しがちになりますが、実は、人間の健康に一番大切なものです。いわゆる元気を持ち続けるのが健康の源と言えます。

健康を害する原因は、この大切な〝氣〟が〝枯れてくる〟のです。この状態を、太古の人は〝穢《けが》れる〟と言いました。この意味は、人間が本来持っている神聖さ、美しさなどに傷が付くことを表現したものと思われます。

そこで、この大切な〝氣〟が枯れてしまう前に何か〝手入れ〟をしようとしたのが、神社で行われている神事の〝お祓《はら》い〟に便乗することでした。

元気だった〝氣〟が枯れそうになったとき、つまり〝穢れた〟とき、その〝穢れ〟

を〝お祓《はら》い〟してもらうために神社に参詣したのです。こうして元気を取り戻しました。『氣を取り戻す』と言いますよね。

神社の祈り言葉が〝祓え賜え、清め賜え……〟で始まるのも無縁ではないでしょう」

「〝お祓い〟を受けるのは、氣が枯れないように神様にお願いすることなのですか?」

「違います。神社にお参りした人は、『私は元気を取り戻します! どうか見ていて下さい』と〝神前で宣言〟するのです。その宣言に立ち会って頂くのが〝お祓い〟です。あくまでも自分が主体で〝神様に誓い〟、その姿を第三者として見届けて頂くのが〝お祓い〟と言えます」

「お祈りとどういう関係になるのでしょう?」

「お祈りは、こうした一連の行為を一言にまとめて表現したものです。したがって神様は、全ての人のあらゆる宣言を聞き届けて下さるのです。そして、その宣言の実現を目指す一人一人を、始めから終わりまで全て見守って下さるのです……。

たとえば、〝合格祈願〟は、受験生が○○学校に合格しますと〝宣言する〟ことです。〝戦勝祈願〟は、この戦いに必ず〝勝利します〟と宣言するのです。決して、合格させて下さい、勝たせて下さいとお願いすることではありません。合格すること、勝利することは、全て宣言した人の心構え次第です」

「あなた方も神社にお参りするのですか？」

「お参りすると言うよりも、生前に〝縁のあった神社に集まる〟と言った方が適切でしょう。それは懐かしいことでもあり、〝取り付きたい人〟を探すにも便利なことですから」

笑みを含んだ声紋だった。

「〝霊〟のみなさんは、〝氣が枯れる〟ことはないのですか？」

「私たちはどんなに若い体から離れた者も、枯れ木のような老体から離れた者も、〝一応人間を卒業〟した者です。そんなに〝柔〟な者はいませんよ。（語気が激しく感じられた）

蛇足ですが、先日あなたの胸から旅立つときにお話しした〝次の世に旅立つエネルギー〟と混同しないで下さいよ。あれは体を離れて四十九日以内に〝旅立ちます〟という約束違反に対して、罰則として旅立つためのエネルギーを取り上げられたのですから……」

「よくわかりました。どうもありがとう」

今日の交信はこれで途絶えた。

道連れなき孤独な旅

黄色い〝生き物〟との交信が、私の日課のようになった。今日は珍しく午前一時半に目覚めた。

「今日は交信を止めよう」

風邪気味で昨夜は風呂に入らなかったので、さっそく風呂に点火した。十五分も経っただろうか。適温ブザーが鳴る……。晴れ晴れとした気分で入浴した。

そのとき、先日の〝霊〟の旅立ちの光景が脳裏を掠《かす》め、ふと、

「霊の旅立ちにも道連れがあるのだろうか……。この世では『旅は道連れ、世は情け……』と人生の友に出合うのに……」

と思った。

体も温まり、顔に汗が浮き出してきた。大きく口を開けて、水蒸気を吸い込む仕草を続けていた。

「いつも交信が始まる二時頃だなー」

と思いながら両手で顔を覆った。その瞬間だった！

「私にはその質問に答える資格が十分にあると思いますよ」

たしかにあの響きだった……。聞こえる。道連れについての返信だ……。黄色の〝生き物〟に、私のボンヤリした〝道連れ〟の思いが届いたのだ。返信は途絶えることなく続いた。

「実は……、私が体を離れて〝四十九日以内に旅立つ約束〟を破って浮遊霊になったのは、旅立ちの〝道連れ〟に出合いたかったからです。そして、あなたには想像もつかないくらい永い年月を気の合う〝道連れ〟探しに費やしました。

しかし結果は、まったく駄目でした。道連れに出合うことは出来なかったのです。

その理由をいろいろと考えているうちに、また何年も旅立ちが遅れました。やっと、その原因がはっきりとわかったので、先日もお話ししたように、あなたに〝取り付き〟、死に直して旅立ったのです。

では、〝道連れ〟に出合えない訳をお話ししましょう……。

肉体を持った人間同士は、お互いに姿を認識できます。年齢、性別、顔、形、出身地、趣味……、数え上げれば切りがないほど、気持ちを合わせあえる属性があります。

これは〝霊〟から見れば、たとえようもなく〝羨ましい〟ことです。

〝霊〟の世界は姿がありませんから、目で見て、観察し、話し合って……、『肝胆相照らす』といった親しみが湧く機会はまったくありません。

先日、預金通帳と残高のお話をしましたね。ちょっと思い出して下さい。そのとき通帳が肉体で、残高と出し入れの経過が命（霊）だと言いました。

つまり、同じ銀行に行けば同じ通帳は何冊も発行されています。また、銀行が違っても預金通帳という広い意味で、通帳同士としては〝道連れ〟を呼び合うことは出来ます。

しかし、預金の残高と出し入れの経過が同じもの、あるいは似たものは、通帳が何冊あってもほとんど無いでしょう……。

この残高が〝霊〟の世界だということは、残高と出し入れの経過がまったく同じか、とても似ているもの以外はお互いに意識に入らないのです。もちろん、通帳(肉体)を離れているのですから通帳を感じることさえ出来ません。

これをテレビの電波にたとえると、何百万、何億チャンネルもあることになりますから、送信と受信を合わせるのは至難の業です。

姿のない者の淋しさ、悲しさです。したがって、〝霊の旅路〟はとても厳しいのです……。よく人間時代に、死出の旅は〝闇路〟と聞いていましたが、こうした意味を含んでいたのだと思いますよ……。

〝道連れ〟に出合えないもう一つの原因は、人間世界には、大勢で力を合わせて行う〝仕事〟がありますが、〝霊〟の世界には仕事がまったくありません。これも友達や〝道連れ〟が生まれない原因でしょう。もちろん学校もありません（笑い声）」

この説明にとても関心が湧いた。私は今日も交信に引き込まれていった……。

「あなたは今、どこにおられるのですか？　そして、今も一人旅ですか？」

「今は次の世への途中です……。まだ気の合う〝道連れ〟には出合っていませんが、ここまで来ると、様子が大分変わっています。……そうですね、現世的に言えば、就職試験で書類選考をパスし、一次試験に合格した段階でしょうか。

浮遊霊をやめて、旅の始めの頃より、良い雰囲気です。これから二次試験、面接と進めば多分、〝道連れ〟に出合えるのではないかと期待しています」

一つ心配が生まれた。聞いてみよう。

「あなたが段々と進まれると、私からの交信も出来なくなるのでしょうか？」

「それは私にもわかりません。でも私があなたに〝取り付いて〟旅立ったのは、あなたが次の世で着地されるであろうと予想した場所を私も希望したからです。だから当分は交信できるのではないでしょうか。それはそれとして、あなたも現世で〝進歩、成長〟されるでしょうし、また、されなければならないと思いますよ」

「これからの私の〝進歩、成長〟とあなたの関係ですが……。あなたが先に旅立たれたのですから、これからは、〝あなたが私をリードして下さる〟わけに……」

まで言ったところで、突然交信回線が押し返された。初めてのことだ。〝生き物〟の機嫌を損ねたのだろうか……と一瞬不安になった。すぐに響きが伝わってきた……。ホッとした。

「話を遮ってすみません。あなたがその次に言われる内容が先に私に聞こえましたので、先を急ぎます。

先ほどもお話ししたように、〝霊〟の旅路はとても厳しいものです。現世の知識、経験ではとても想像できるものではありません。

あなたの質問に対して、私がわかった範囲のことを答えるのはやさしいことです。しかし、導くとか教えることは出来ません。

導くとか教える行為は、私の意識をあなたに伝えることです。これでは、あなたには〝自分の意識の確認〟が出来ません。それでは、あなたの役に立たないどころか害になります。

もう一度、預金の話を思い起こして下さい。

預金は、余裕のあるときに預金し、必要なときに引き出します。仮に私があなたに今日一万円預けなさい、今十万円引き出しなさい……と言ったとしたら、どうなりますか？

質問は、必要なとき、必要なことを、必要なだけ受け入れることです。それによって〝自分の意識の確認〟が出来ます。こうした繰り返しが〝気づき〟を呼び、進歩、成長に役立つもとになります。預金の出し入れと同じです。自分の手を離れてから残高が増減しても、それは自分のものではありません」

納得！　浴槽から飛び出て時計を見た。午前二時だ……。今日も交信は瞬間に終わっていた。

お湯の温度のせいか、少し疲れを感じる。

知らぬ間に心に毒が

久しぶりに始発電車に乗った。午前五時二十分、いつもの習慣で最後尾の車輌に……。乗客は私一人、手摺りに寄りかかって、すぐウトウトした。

来た！……来た！……あの響きだ……。私は何も発信していないのに……。ジンジン受信した。

「人間は体と心で人格を保っています。その意味では体と心は表裏一体の関係で、どちらが表でどちらが裏とも言えません。そして、この両者の調和が健康の元であることは誰も疑いません。したがって人間は、体に毒が入っても、心に毒が入っても、健康を損ねます。元気を失うのです。ところが、ややもすると体に重点を置きがちです。その証拠に、体には栄養を与えますが、心には栄養を与える努力を怠ります。

体に毒が入ることには敏感に対応しますが、心に毒が入ることには無防備です。健康第一は当然なのですが、その場合の健康を、多くの人が〝体〟第一と考えています。これは人間が体を養わなければ存続し得ないので仕方のない傾向でしょう。

　また、体の毒の弊害は比較的早くその現象を確認できますから取り除きやすいのですが、心の毒はその反対にジワジワと障害を受けます。これは今、現世の植物が受けている排気ガスや酸性雨のように徐々に影響を受け、気がついたときには〝手遅れ〟といった状況によく似ています。

　また、体の毒は〝細胞〟を病みますが、心の毒は〝氣〟を病みます。そして、体にも大きな影響を与える〝氣を枯らし〟始めるのです。

　この厄介な心の毒は周囲の言葉から入ってくるものが一番多く、その次がやはり周囲の人の想い（心）から入ります。

　おわかりでしょう。本人がいかに注意していても、相手から一方的に投げ込まれるものですから、ある程度は止むを得ないことです。

　この点は体の毒と大きく違う点です。体の毒は本人の防御もさることながら、幼児の頃から家族が十分に注意してくれます。

　ところが心の毒は、家族が防いでくれるどころか、率先して投げ込んでいるのです。その証拠に、幼いときはほとんど家族との接触だけですが、その頃に入れられた心の毒で苦しむ人も多くいます。

　また大人になっても、親、兄弟、夫婦……と身近な者同士で、心に毒を入れ合っている場合が多く見受けられます。まして他人や、悪意のある人に出合ったときのことを考えてみて下さい……。このように心の毒は、入ることを制御するのは大変難しいのです。そこで〝氣が枯れて〟しまわないうちに元気を取り戻すことが大切なのです。〝霊〟になって気づいたのですが、体の毒は、体を離れるときに全て置いてくるのです。しかし、心の毒は全て持ってこなければなりません。両親から授かった肉体の歴史は、〝死〟と共に一切訣別です。再び肉体を授かるときは、次の両親から肉体歴を受け継ぐのですから、それ以前の〝肉体歴〟とは完全に断絶しています。〝肉体歴〟は、自分にとって常に〝死〟をもってピリオドです。

しかし、心（霊）は永久に全てを持って移動するのですから、とても厳しいことです。心の毒は自分自身で消していく他はありません。誰も肩代わりしてくれません。誰にも手伝ってもらえないのです。

この意味では心（霊）こそ、自分と言えるでしょう……。よく〝魂歴〟と言いますが、生まれ変わり、死に変わり、〝磨く〟も、〝毒に塗《まみ》れる〟も、全て自分次第なのです。まさに自分の歴史です」

ここで送信が切れた。電車での受信は初めてだった……。

「アッ！　そうだ。この響きは、先日神社について交信したときに質問したことの補足なのだ。……そうだったのか」

神社についての交信を知人に話したところ、

「〝氣が枯れる〟キッカケとは具体的にどんなことだろう?」

と問いかけてきたので、

「この次に交信できたら聞いておくよ」

と何気なくその場をおさめた。

そのときの会話が黄色の〝生き物〟に伝わっていたのだ。そのうえ、今日その知人に会う予定になっている……。わかった、わかった……。心がウキウキしてきた。

窓の外はまだ暗い。電車は、乗車駅を発車して次の駅までの三分の一も進んでいない。わずか三キロメートル足らずの距離なのに……。

気づいたことが宝物

昨日まで、暖かい日が二日続いた。今日は急に温度が下がった。テレビの天気予報は、『今日の夜半から雨、所によっては雪……』と放送している。明日から三月なのに雪とは……と思いながら床についた。

バチバチと屋根を叩く音で目が覚めた。直感的に〝雹《ひょう》!〟だと思った。午前三時十五分だった。

私が少年時代を過ごした山村では、五～六月頃までよく〝雹〟が降ったので、あの独特の音は耳についている。外に出て確かめた。たしかに透明度の低い小豆粒ぐらいの氷片だ。〝雹〟としては不良品だが、〝霰《あられ》〟の格に落として見れば超特級品の〝霰〟と言える代物だ。

庭の角に吹き寄せられている〝雹〟を掻き集めて両手に掬《すく》い取った。少年の頃に〝雹〟をバケツに集めて初夏の氷を楽しんだ光景を思い、故郷が浮かんできた。

それにしても、山村に降っていた直径七～八ミリもあって農作物を全滅するほどの〝雹〟と、〝霰〟の親分くらいでほとんど威力のない〝雹〟と、随分差があるものだと思いながら感触を味わった。

そのとき、私の胸から飛び立った〃生き物〃たちにも色の違いがあったのだが、あの違いは何なんだろう？……と考えながら階段を昇った。

外は〃霙《みぞれ》〃に変わっていた。庭の植え込みに当たってシャラシャラと音をたてている。〃雹〃にも〃霰〃にも〃雪〃にもなれない〃霙〃で落ちている……。床について、すぐには眠れそうもない。〃生き物〃と交信しようと思った……。


「あなたのように、私の胸から旅立たれた〃生き物〃は何体もありました。一つ伺いたいことは、あなたは薄い黄色で幾分〃透き通った〃感じでした。その他は、いずれのときも一様に薄黒い感じでした。そして形も大きなオタマジャクシか成長した鯰《なまず》のように見えました。

いつの場合も飛び立ち際に私の顔を見つめられている気がするので、私も真剣に観察を続けましたが、顔の判別となる目鼻立ちがまったくなくて、いつも〃ズンベラボー〃でした。

ところがあなたのときは、微かに目鼻立ちが見受けられました。それで私の方から声をかけたのです。それが縁でこうした交信を続けてもらって、いろいろと教えて頂き、とても嬉しく感謝しています。

今日お聞きしたいのは、〝旅立ち〟のときに私が見た〝霊〟の色、形……、違いの源は何でしょうか?……そして、その違いによって、着地される所も変わるのでしょうか?」

と送信した。

「まず、あなたの意識に映った〝霊〟の姿についてですが、こちら側の要素としては、〝携えて旅立つもの〟の違いです。

たとえば透明なペットボトルを考えて下さい。その中に天然水が入っているか、ウーロン茶が入っているか、あるいはウィスキーか、醤油か……によって色は違って見えます。そのとき、『あのペットボトルは何色』とは言いません。中身を取り出せば同じ形の透明なペットボトルです。

〝霊〟には本来、姿も形もないのです。無形、無色透明、無臭……です。ところが〝霊〟が携えているものと言いますか、〝霊〟に〝まつわりついているもの〟が見える人がおられるのです。

あなたの側から言えば、この〝まつわりついているもの〟をあなたの意識で感じ取られたのでしょう。

この〝まつわりついているもの〟については、昨日お話ししました〝心の毒〟であったり、自分が発した〝想念の塊〟であったり……、いろいろです。しかし、これらは全て各々の〝霊〟がこれからの旅で浄化していきますから、やがて〝霊〟として本来の姿になるでしょう。中身が消費され透明になっていくペットボトルのように……。

次にこうした違いによって〝霊〟の着地点が変わるのか？　とのお尋ねですが……。これは当然違います。

この〝違う〟ということに誤解があっては困りますから、まず始めにハッキリお話ししておきます。ここを思い違いされたら、これからのあなたの人生に大きな遠回りが起こりますよ。

始めに〝次の世の広大無辺さ〟から説明しましょう。ご存じのように地球は宇宙の太陽系に属しています。この太陽系一つでも途方もない大きさです。ところが、こうした太陽系が三千個集まって一つの世界を形成しています。そして、その世界が千個集まって一回り大きな世界を形成し、それがまた……という具合に拡大しているのです。想像できますか？　その大宇宙に散在する星の数を考えてみて下さい。頭で考えられますか？　心で感じる他はないでしょう。

私はすでに旅立っていますが、やがてあなたもこうした大宇宙に旅立たれるのです。

そして希望する星に着地できます。念のために付け加えますと、〝霊〟には肉体がありませんから、空気も食料も照明も……不要です。エネルギーは旅立つときに不滅のものを備えています。

そして、ここが最も大切な点ですが、それらの星に現世的な感覚での位階等級とか、可否良悪、美醜、明暗……といった格差は一切ないということです。

もちろん〝霊〟の最終目的地は決まっています。しかし、ほとんどの〝霊〟が現世からそこに直接着地できないのです。それは〝霊〟に〝まつわりついているもの〟が邪魔をするからです。

これらの星は、〝霊〟に〝まつわりついているもの〟を浄化するために立ち寄る場所です。もうおわかりでしょう。それぞれの〝霊〟が〝携えているもの〟が違いますから着地する星も違うのです。

着地する星は〝霊〟が選択するのですが、往々にして間違った選択をするのです。〝まつわりついているもの〟が邪魔をするのもこのときです。

たとえ話で説明しますと……、

仮に、東京から大阪に旅行することを大勢で決めたとします。その場合に、超特急のぞみ号に乗る人を良い人、各駅停車を利用する人を悪い人と言いますか？

また、終着の大阪駅に近い駅を良い駅、出発駅である東京に近い駅を悪い駅と言うでしょうか?

目的に合わせて手段を選びます。そして選んだ手段が、本当に目的に対して良い手段であったか、劣った手段であったかは、本人の〝気づき〟以外に誰も決められません。

ところが大阪に行くつもりで青森行きに乗った人は、原因によって結果が非常に複雑になりますが、最終的には東京駅に引き返すことになるでしょう。これも本人が〝気づく〟ことが前提となります。このように〝霊〟が目指して飛び立つ先は、各々の〝霊〟が〝持っているもの〟によって、各々の意思で違った星に生まれるのです。もちろん、のぞみ号と各駅の場合と同じように、星から星への移動は出来ます。こうしたプロセスでいろいろと〝気づき〟があり、その中で肉体が欲しい〝霊〟は現世に戻って再び旅立ちの準備をすることになります。青森行きに乗った人のように……。ところで今までの交信の一回一回は、〝霊〟について断片的、部分的な説明です。これらの前後を結合してお考えになるのは構いませんが、飛び飛びに推測で繋いで延長してお考えになると迷路に入る恐れがありますから気をつけて下さい」

ここで返信の響きが終わった。

今日の交信には、補足の質問があるが次の機会にしよう。それよりも、旅立ちが私の胸からだったこと……。それも、確認はお互いに状況を説明しただけである。再度姿を見たわけではない。それなのに、こんなに交信を続けていて良いのだろうか？現世的な感覚だが、〝生き物〟にお礼をする手だてはあるのだろうか……？　また、こちらから〝生き物〟を援助してあげられることが何かあるのだろうか……？　考えながら眠りに吸い込まれた。


間もなくのことだった。体がジンジンする。交信だ。何の知らせだろう？

「単純な表現をすれば、私のことを〝思い出して〟もらえば良いのです。一日に一回でも、一カ月に一回でも……。〝思って〟頂く時間は一瞬で良いのです。頭を通り過ぎるだけで良いのです。その〝思い〟は電波のように即刻私に伝わり、私の活動の源になります」

で始まった。これは先ほどの交信の終わりに、私がボンヤリと頭に浮かべたことへの答えだ。交信は続いた……。

「こちらに来てわかったことですが、私も現世においては何日も〝旅立った〟両親のことを思い出すこともなく過ごした者です。〝思い出す〟……ただこの単純なことがなかなか続けられないのです。

そこで現世では、太古よりあらゆる宗教がこの目的のために祭祀を考えました。ところが祭祀が行事化し、専門的な職業がいろいろと生まれ、その行事にまつわる商品が考案され、形の上に形が乗せられてきました。

その結果、本来の目的である旅立った〝霊〟を思い出し、現世からの〝想いを送る〟という大切なことが片隅に追いやられ、〝祭祀〟という形式が独り歩きを始めました……。

花や供え物を〝お供え〟してどれだけ派手な祭祀を重ねられたとしても、旅立った〝霊〟へ〝想いを送る〟という目的に欠けていては私たちにとっては何の意味もない〝現世の行事〟にすぎません。

それよりも、食事の最中でも、散歩の途中でも、寝床の中でも……、一瞬でも〝思い出して〟頂くことが私たちにとっては最大の供養を受けることなのです。路傍で一輪の花に目が止まったとき、『この花はお爺さんが好きな花だった』と思った瞬間に、その思いと姿はお爺さんに届くのです。

現に、私とあなたはこうして交信を続けておりますが、その発端は、あなたが私のことを思い出して下さったからです……。

私との交信があなたの〝お役に立っている〟と言われるなら、それは〝嬉しいこと〟です。だからと言って、あなたが私に一方的に感謝して下さる必要はありません。私もあなたに〝思い〟を送ってもらい、とても助けられているのです……。〝あいこ〟なのです。

私に対しては、どうかお気になさらず思いのままに過ごして下さい。義務感を持たず〝自然に自由に〟思いを送って下さい。

そのとき、あなたと私は〝一体化〟しています……。つまり、通じているのです。〝信じ合い〟が生まれているのです。

このことを、私だけにお願いしているのではありません。あなたの地縁、血縁、その他思い出し得る全ての人たちに、そして私と同じようにあなたに〝取り付いて〟あなたのエネルギーに助けられて旅立った者たちにも……。

現世の宗教の多くが教義として愛、感謝、祈り……、いろいろと効率のために条件を述べています。しかし、こうしたことに拘《こだわ》り、とらわれ、偏っては入口で疑問が生まれ、議論になり……、その果てに戦いとなり、立ち往生しては何にもなりません。一生求めても理解を得られないものを追いかけるのは悲劇です。ただ、ふっと思い出して下されば、次に何かが始まります。そうです。〝気づき〟です。それがあなたを生かす〝宝〟となるのです」

そこで交信が途絶えた。これは腑に落ちるものだった。何ごとも自然体で……。それが自由に通じる……。結局はバランスの取れた効率……と思いを巡らせていた。

アッ！　響きだ……。また交信が来た。

「愛、感謝、祈り……といったことは不要だと言いましたが、念のために少し補足しておきます。

それは、愛とか感謝とか祈りといった言葉を聞きますと、多くの人は、すぐにその内容を想像します。そして、あの人の愛より私の愛が深い……とか、彼の感謝はまだ足りない。彼女の祈りは実がない……などなど、自分と他人、あるいは、他の人と他の人との比較を始めます……。その比較が争いを引き起こし、お互いに傷つきます。愛、感謝、祈り……は、〝気づき〟のプロセスで生まれるものです。気づいた時点で大切にすれば良いことで、スタートで支度する必要はありません」

この交信はこれで終わった。

納得、納得。自然に感謝の気持ちが浮かんできた。この〝感謝〟は他のどんな感謝とも比較できない。今現在の私自身に湧き上がったものだ。たしかに……。

外は、ぼたん雪に変わっていた。積もるのだろうか……?

アルキメデスは王様から王冠の金の純度を調べるように命じられ、お風呂の中でその方法に〝気づき〟、嬉しさのあまり裸で街に飛び出した……。〝わかった。わかった〟と叫びながら走り回った……と伝えられている。

私も雪の中を走りたい気分だ……。時計は午前三時半を示していた。

歌の力

最近、私の身辺に気がかりなことが続いて起こる。これも何かの巡り合わせだと思って対応してきた。

その晩は昼間の折衝をめぐって興奮気味だった。午前一時を過ぎても眠気がこない。床に入っても想いが散乱してまとまらない。……しばらくして体がジンジンしてきた。

「長い旅路の航海終えて、船が港に泊まる夜……」

と歌声が聞こえる。その声が段々と近づいてくる……。

ふと見ると、私の胸の上で黄色の〝生き物〟が、楽しそうに歌いながら軽快に飛び跳ねている。まるでタップダンスのように……。

あっ、彼だ！　すぐにわかった。半年前に私の胸から旅立ったあの〝ズンベラボー〟だ。あれ以来、彼とは何回も交信し、多くのことを教えてもらった。助けてもらったことも多い。だが姿を見るのは今日が二度目だ。

相変わらずオタマジャクシが直立した形である。明るい黄色も旅立ったときと同じだ。

今日はシッポの先が強力なバネのように、歌のリズムに合わせてピョンピョン飛び跳ねながら歌い続けている。

「長い旅路の航海終えて、船が港に泊まる夜……」

と何回も何回も、繰り返している。

その声が段々と女性の声になってきた。以前の交信では男の声だったのに……。

私もついつられて一緒に歌った。実に楽しい。心がウキウキしてきた。私の鼓動とズンベラボーのステップが一致している。

そのとき、ハッと気づいた。そうだ。休めば良いんだ……。続いていたモヤモヤが一気に晴れた。


私が社会人になったのは、昭和三十三年の春で二十二歳のときだった。今年でちょうど四十年が経った。あっという間にも思えるが、永い人生航路だった……。海路の日和ばかりではなかった……。そうだ。船を岸に繋ごう……。私は歌を止めて胸の上を見た。ズンベラボーはいない。ただ歌声だけが段々と遠ざかっていく。

「長い旅路の航海終えて、船が港に泊まる夜……」

と繰り返しながら……。わかった。ズンベラボーは私にこうした気づきを与えてくれるために姿を見せてくれたのだ……。

それにしても、ズンベラボーが歌って踊る姿は〝キレイ〟だった。浦島太郎が見た竜宮城の舞踏会も、ライン川のローレライも、こうした光景を見た人の話が語り伝えられたのだろう……。

一曲の歌を聞いて人生が変わったという人がいる。たしかに言葉と音の組み合わせで不思議なパワーを出すのが歌だ。〝お経〟や〝祝詞《のりと》〟も現在では意味不明に感じるが、本来は強烈なパワーがあったのだろう。現代の青少年を酔わせている特殊な音楽以上に……。

「歌は妖精から聞くものだよ」

と響いてきた。そうだ。歌を職業にしている人にはきっと妖精が乗り移っているのだ。歌だけではない。人を動かす力を持った言葉を使う人にも、たぶん妖精が宿っているのだ……。

その力は、聞く人が抱えている問題を解決するプログラムとパワーを与えてくれる。あたかも暗闇の部屋で一本のローソクが一瞬にその闇を消し去ってくれるように……。

とりとめもなく想いを巡らしながら、心地よい眠りについた。

あの世の戸籍係

平成十年十二月十一日の午前三時三十分、私は生まれて初めての場所で目覚めた。そこは、白い光の中だった。見えるものは何一つない。自分が立っているのか、置かれているのか、浮いているのかもわからない。自分の体のどんな部分も見えない。だが意識は〝ハッキリ〟していた。

最初に気づいたことは、自分が白い光に溶け込んで、形も大きさも計ることの出来ない広がりをしていることだった。

天地も左右も無限に広がっている。どこまでも白い光が続いている。その雰囲気に浸っていると、すぐ近くから、

「ここで使う名前を決めて下さい」

と目の前に一枚の紙とペンを差し出された。その紙もペンも白い光で出来ている。

そのとき私に、次の意識がよぎった。

「これは死後の世界かもしれない」

と……。

私はとっさに、とぼけたふりをして自分の名前と年齢を伝え、相手の反応を待った。

「それは今までのことで、今日あなたはここに生まれたのです」

「生まれたのなら親がいるはずです。名前は親がつけてくれるのではないですか？」

と理屈をつけて質問していた。

「それは前世でのことです。この世界では、誰も自分で名前をつけるのです」

説明は丁寧だった。それも言葉ではなく白い光の響きで伝わってくる。

そのとき、私は死後の世界に来ていることが確信できた。そこで
「今までの人はどんな名前をつけているのですか？　出来れば二、三の例を見せて頂けませんか？」

と頼んでみた。すぐに目の前の紙に文字が白い光で浮かんだ。私はハッとした。それは卒塔婆の最初に書かれている梵字一文字だった。もちろん私には読めない。意味もわからない。しばらく無言でいると、今までの梵字が消えて次の字が浮かび、それが数回繰り返された。

そして、また、

「決まりましたか？」

と響いてきた。私はとっさに、祖父母や父、伯母、叔父の名前を並べ、その人たち

がここでどんな名前をつけているか教えて欲しいと頼んだ。出来れば自分の名前の参考にしたり、もし会話が出来るのなら、霊界の先輩として力になってもらいたいと考えてのことだった。

「それは無意味なことです」

と響いてきた。それに続いて、

「ここでは前世の名前で人を捜すことは出来ません」

その響きが消えると同時に、本当の目覚めがあった。尿意のせいである。ついでに朝刊を取り、しばらく外気に当たった。

私の生まれた家は先祖代々南無阿弥陀仏で、卒塔婆の習慣も梵字にもまったく無縁なのに、〝あの世の戸籍〟が梵字とは……。今朝の夢は、私に何を〝気づかせてくれる〟ためだったのだろう……と思っているうちに続きの夢が見たくなり、朝刊に一通り目を通して、続きの夢を期待して明かりを消した。

また白い光の中で目覚めた。目の前に白い光の紙があり、ペンもある。たしかに夢の続きだ……。ウキウキした。

「決まりましたか?」

同じ響きが聞こえる。

私は、

「もう少し考えさせて下さい」

と頼んだ。それにはちょっとした訳がある。それは、最近こうした〝お迎え〟の夢を度々見るので、ある霊能者に相談したことがある。

彼は、

「そのときはいろいろと質問して、出来るだけ多くのことを教えてもらうことです。そうすれば、段々と死ぬことが怖くなくなりますから……」

とアドバイスしてくれた。

いろいろと想いを巡らしながら、ふと光の紙を見るとまた梵字が一文字浮かんでいる。

「早く決めて下さい」

また響いてきた。まるで市役所の窓口のように……。そのとき私はもう一つ質問していた。

「死後の世界がこれほどまでに美しく、苦痛のない世界なら、今私が現世で困っているアレルギー性の〝痒い痒い病〟も置いてくるのでしょうか?」

答えは期待していなかった。

ところが意外にも答えが返ってきた。

「ここは、姿も形も重さもなく、ただ意識だけの世界です。感じるものは光、すなわち響きだけです。したがって、感じ方によっては〝全てのものがあり、また何物もない〟と言えます」

私は思わず独り言を口走っていた。

「現世で言っている〝色即是空、空即是色〟ですね。今まで、多くの坊様や識者にこの八文字の解説や解釈を何百回も聞きましたが、どれもいまひとつでした。ところが今日の前後二回の体験でよくわかりました。ありがとうございました。ありがとう……」

とお礼を言いながら、名前を決めるためにペンを持とうとした瞬間である。

「次の方！」

と響いて私は追い払われた。

ベッドの上で一番に考えたことは、

「ふたつ返事で名前を決めていたら、〝あの世〟に生まれたのだろうか？」

と……。

火を吹く寝息

私の親しい者に急死する人が二人続いた。一人は病死で、一人は事故死である。二人とも家族の方が、
「最近、睡眠時間が長く、そのうえによく居眠りをするようになっていました。会話の途中でも聞き役が長いとつい、コックリコックリになることもありました」
と話していた。

私は十三歳の春に、母方の祖母の〝旅立ち〟を見た。一週間も眠り続けていた。その間、寝息と言うか、鼾《いびき》と言えるのか、少し口を開いて鼻と喉から楽器を操るように音を出す呼吸をすることが何度もあった。

祖父の〝旅立ち〟には居合わせてなかったが、家人の話では、三日間眠り続けたとのことだった。少し詳しく聞いてみると、祖母のときと同じ呼吸のようだった。

私が育った山村には、『火を吹く寝息をする人は死が近い』という言い伝えがあった。

この話はほとんどの人が知っているので、他人の寝息の話はタブーになっていた。

〃火を吹く寝息〃とは、焚き火を燃えやすくするために〃火吹き竹〃のような道具を使わないで、口で直接火種を吹くときに自然に出る口笛のような音のことである。

この音は、胸一杯に空気を吸い込み、一気に吐き出さなければ出せない音である。死を目前にした人のエネルギーで、そんな呼吸が続けられるのも不思議に思っていた。


急死された一人は、その人が居眠りの最中に急に火を吹く呼吸になり、もう一人居合わせた同郷の一人とおもわず顔を見つめ合ったことを思い出した。旅立ちはそれから三カ月後の突然死だった。事故死された方は、

「鼾は吸う息で出る音なのに、僕のは吐く息で出るんだって……」

と陽気に話しておられた。

私はそれを聞いたとき、〃火を吹く寝息だ〃と直感していた。地方によっては、『夜に口笛を吹くと不幸を呼ぶ』と伝えられている所もあると聞いているが、同じ内容かもしれない。

こんなことを考えながら、眠りに吸い込まれていた。

間もなくのことだった。

「あなたが、ズンベラボーとお呼びになっている霊体と交信しておられることはよく知っていました。でも今日の質問はいつもよりハイレベルなので、彼では正確なお答えが難しいと思いますので……、私が代わってお話しいたします」

と前置きして、次のような説明を受けた。その説明者の生い立ちや名前を聞く間もなかった。見た姿は黄色のズンベラボーと同じだが、色は透き通った白色だった。

「今日の質問はとても大切なものです。あなたは、そこまで進歩されたのです……。人間は、眠りと目覚めを繰り返しながら一生を終えます。それは、〝自分の肉体を養うために必要なリズム〟なのです。したがって、リズムを乱した不眠も眠り過ぎも病気扱いにしていますが、人間世界では当然のことでしょう。

ところが霊界に〝旅立って〟過ごす魂は、肉体を持っていません。形も姿もない光と響きの存在です。人間界で言う〝養う必要のあるもの〟は一切ないのです。

そのために魂は眠っているのが正常で、目覚めているのが異常なのです。

あなたならもうおわかりでしょう。

そうです。旅立ちが近づいた人は、次の世での生活準備のために眠る時間が長くなるのです。

また生まれたばかりの赤ちゃんは一日中ほとんど眠っています。これも魂の世界の習慣が肉体を持っても残っているためです。

よく『老人になると眠れない』と言われていますが、あれはほとんどがウソです。一日の睡眠時間は、老いるにしたがって増加します。

熟睡するにはエネルギーが必要です。心身ともに疲労したときは熟睡できないものです。

旅立った人を送るとき、『安らかにお眠り下さい』と言葉をかけるのは理にかなっているのです。また〝火を吹く寝息〟というのは、エネルギーが充満した眠りの状態で発せられるものです。人間の旅立ちには、生涯で一番大きなエネルギーが必要です。そのために、心地よい睡眠でエネルギーを蓄え、最後に大きく息を吸い込んで旅立つのです。

臨終のとき、『息をお引き取りになった』と言う表現も正しいのです。最後の一息で人工衛星の発射のように〝旅立ちエネルギー〟に点火するのです。それから私の名前ですが、ズンベラボーⅡとしておいて下さい。機会を見て、生い立ちをお話しいたします……」

交信はこれで終った。初めてのせいか白いズンベラボーの説明は難解だった。私が受け取り方を間違えていなければよいのだが……。

あの世の階層

〝あの世〟の入口まで行って帰されたのは、先回で三度目になる。その度に強く感じたことは、周囲がとてもキレイで、そのうえに心地よい静寂さであった。まるで〝癒しの揺り籠〟に乗せられているように……。このことを何回も意識するようになった。

「あなたが、あの世の入口に行かれたのは確か三回です。第一回は二つの籠で迎えを受けたとき、二回目は自分で川を渡り祖父母さまにお会いになり、お婆さまに諭されて川岸まで連れてこられ、まさに追い返されました。そして三回目が〝あの世〟での名前を決めるように求められたつい先日のことですね。

その三回でお気づきのことと思いますが、三回とも雰囲気が違っていたと思います。一回目は人間界を大空から見た風景、二回目は黄金の大平原、三回目は白い光の空間……。

そのように魂の進化に応じて〝旅立ったとき〟に到達する地点が違うのです。その世界を大きなビルディングにたとえると、五十階層とも、百階層とも、無限層とも言われていますが、今はそのことを気にしないで下さい……。

ただ人間世界と異なる点は、自分が到達した階層とそれ以下の階層は意識を向ければ見えますが、自分より上の階層は決して見ることが出来ません。したがって、出合える人も自分の魂と同等か、それ以下の人に限られるのです。

人間世界では同じ姿、形をしていても、魂の進化の状態は十人十色です。そしてお互いに罵り合い、傷つけ合っているように見えても、究極はお互いに『魂を磨き合っている』のです。

これが人間界に生まれてきた最大の目的です。

ちょっと身の回りを見渡して下さい。嫌なことには毎日のように出合います。それに引き換え、好ましいことは運良く出合っても瞬く間に消え去ります。

そのわけは、嫌なことからの学びは多く、好ましいことからの学びは少ないからです。誰でも、自分の気に入らないものを見ると〝腹が立ち〟ます。そのとき、どう対処するかが学びです。出来るだけ多くの対極に遭遇することで魂は進化します。

もうおわかりでしょう……。

〝あの世〟に百階層あるとすれば、同じレベルの魂が同じ世界に集まっているのですから、そこでの進化はありません。つまり、争いも、刺激も、ハプニングも起こらないのです。
あなたが感じられたように、キレイで静寂なのはそのためです。
先日お話ししたように、眠りが正常になり、人間界での単位で言えば、何万年も何億年も眠り続けることがあります。そのために全てが鉱物化します。人間界で〝旅立った人〟を『お星さまになった』と言いますが、これも正しい表現です」

ここまで一気のレクチャーだった。今まで交信していた黄色のズンベラボーとは、響きが少し違う。もしかしたら今までのズンベラボーが進化したのか、それとも、先日別れ際にズンベラボーⅡと名乗っていった姿が透明に見える彼なのだろうか?……と考えを巡らしていると、次の響きが来た。

「今あなたに必要なことが、これからも次々に起こるでしょう！　何が起こったかが大切なので、誰が起こしたかは、まったく詮索される必要はありません。全てを受け取り、ご自分を楽しんで下さい。私の感想を言わせて頂くなら、あなたは短時間に三回も違った〝あの世〟の雰囲気をご覧になって、とても幸運な方です。これからも〝霊〟が頼りにして、あなたの〝力を借りに集まる〟ことでしょう……」

しばらく待っていたが回線は切れたようだ。今日の交信も黄色のズンベラボーとは余韻が違う。……あの世の階層別に送信装置が異なっているのだろうか？　いずれにしてもこの交信を早くマスターしなければ……。

Ⅲ　夢で回復する健康

猛犬に受けた荒療治

仕事の出張中に、半日の空き時間が出来た。相変わらず右足の膝頭《ひざがしら》が痛む。今日は少し歩いてみよう。『膝の診断と治療のためだ！　出張中の半日を潰すには丁度いい』そう考えて近くの散策に出かけた。

この膝の痛みは、私が十歳の頃に始まった。もう五十年になる。その間に診察、治療は、今では思い出せないくらい回を重ねた。

この痛みについて、幼い頃の私を一番気に掛けてくれたのは祖母だった。祖母も若い頃から右足の膝が痛み、農家の主婦として嫁いできたのに、田畑の仕事はもちろんのこと、十分な家事も出来ず、家族に気兼ねをしながらの一生だったと私に話していた。あまりの痛さのために、若い頃から杖を使い、歩行を少なめにし、膝を曲げないように右足を伸ばしたまま座る……といった右膝を庇《かば》う生活を続けていたために、右膝が曲がらなくなった。正座が普通の生活様式の中で、

「二重の苦痛を味わった」

と言っていた。

その祖母が私に言い続けてくれたことは、どんなに膝が痛くても毎日必ず歩くこと！　必ず正座をすること！　普通の男の子と同じように運動すること！　だが膝を大切にし、用心し、医者の治療を受けることは十分に心掛けるように……といった意味のものだった。

また祖母は、私の膝の痛みは、私が生まれてくるために背負わされた荷物だから、『一生自分で背負い続けなければならない』と言い続けた。親、兄弟、友達にも……、誰にもその痛み、苦しみを話してはならない。泣きながらの話を聞いてもらっても、

「お前の痛みは治らない！」

どんなに可哀相がられても、

「お前は少しも楽にならない！」

それどころか、周りの人はそれを聞いて〝気まずい思い〟をするだけだ！

そのためには、その膝の痛みが〝他人にわからない〟ようにしなければならない。どんなに笑顔でいても、曲がらない足を投げ出して座っていたら、人は、

「どうしたんですか？」

と聞いてくる。それには答えなければならない。そしていつも話の中心になる。そのうえ結末は、常に、

「イヤな気分だ！」

こんな内容の話を、十歳前後の少年に良くわかるように説き聞かせてくれた。おそらく祖母の体験だから私に伝わったのだろう。

私は十五歳の春に祖母の元を離れた。高校での寮生活を始めたからだ。それ以来七年間、寮生活が続いた。祖母の言葉はそのことを見越していたかのように、私にとって〝青春の渡し舟〟になった。

私は祖母の言葉を守った。一年のうち膝の痛みを忘れて過ごせる日は、そんなに多くなかった。特に梅雨時、冬の寒い時期、春秋の季節の変わり目にはひどい痛みだった。右膝が薄赤く腫れあがり、『関節に水が溜まった』との診断で、一度に四十ＣＣも水を抜く治療を受けたことも再三あった。

走馬灯のように、膝にまつわる思い出が続いた。川沿いの歩道に来た。木造の二階建てアパートが見える。今時珍しい建物だ。アパートの正面に来た。突然懐かしさが込み上げた。夢遊病者のように歩道から、コンクリートで出来た十段ぐらいの階段を降りて、アパートの玄関に立った。

よく似ている。私が四十年も前に、一年足らず住んでいたアパートに……。玄関のドアを開けるとコンクリートの通路が中心にあり、その両側には二メートル置きくらいに部屋の入口が並んでいる。突き当たりがT字型になっているところまで同じだ。中間の両側に二階への階段がある。

当時は、こうした造りを〝下駄履きアパート〟と呼んだ。おそらく室内にガス、水道があるはずだ。

私は四十年前にタイムスリップしていた。突き当たりを左に曲がった所に、自分の部屋があるように思えた。ごく普通の歩き方で、T字に突き当たり左に曲がった。あたかもアパートの住人のように……。その瞬間である。私の右膝の後ろに激痛がはしった。とっさに振り向いた。犬が咬みついている。首の位置がちょうど膝の高さまである。薄い灰色の犬だ。鎖に繋がれている。T字を右に曲がる角の部屋から飛び出した犬だ。部屋の入口に犬小屋がある。

私はとっさに右手で犬を強く叩いた。犬はビクともしない。しっかり咬みついている。犬と目が合った。右足を大きく振り回した。それでも犬は放さない。私はほとんど無意識に、犬が通路の角にぶつかるように何回も体全体を動かし続けた。犬の胴体が半分千切れて、後ろ足の部分が二本とも通路に散らばった。それでも犬はガッチリ咬みついている。私は犬を通路の柱の角に振り当てる動作を続けた。前足が首から切れて飛んだ。それでも犬の口は私の膝に咬みついている。犬は完全に死んでいる筈だ。

私は両手で犬の口を拡げて取り除こうとした。

私はハッとした。頭だけになった犬の目に涙が流れてきた。

「これは何だ！」

おそらく私は叫んだのだろう……。しかし私にその意識はない。通路の両側のドアが開き、二人、三人、五人と私に近づいてきて、犬の死体を見ている。その人たちは私に何も話しかけない。ただどの顔も同じように心配そうな表情だった。

もう一度、犬の顔を取り除く動作に戻った。今度はガクッ！とした。犬の顔が人間の顔になっている。泣いている。悲しそうだ。怨めしそうでもある。私に何かを訴えているようにも見える。段々と頭の後ろ側が崩れ落ちて、お祭りの夜店で売っているお面のような顔になっている。しかし犬の歯は私の膝の真後ろにシッカリ埋まり込んでいる。

私は怯《ひる》まなかった。今度はその顔を膝ごと柱の角に打ちつけて粉々にした。カタカタと破片が通路に落ちる音が聞こえた。

その動作を続けながら咬みついた犬が人間の顔に変わったこと、その顔が私に何かを訴えていたこと……、その顔を思い出せそうな感覚が走ったこと……、差し込まれたように私の意識に残って妙な気分になっていた。

私はもう一度、犬が咬みついたところを見た。顔も口も落ちている。だが歯は何本も突き刺さったままになっている。私は一本一本用心深く抜き取って、その歯を通路に捨てた。

そのとき、一人の住人が私に近づいて初めて話しかけた。

「あなたはとても勇気のある人だ。あの犬を退治したのだから……。あの犬は、この部屋を借りている老人がとても可愛がっている犬です」

と右側の部屋を指差して言った。

「老人は犬を飼うためにこの部屋を借りているのです。住まいは別に立派な邸宅を持っています。毎日ここに来て犬の世話をして帰ります。このアパートの住人は、この犬のためにとても苦しみました。犬に苦しめられるというよりも、犬に手出しをすると老人が鬼のように暴れるのです。そのときの恐怖はたとえようもありません。

犬を退治してもらったことはとても嬉しく思います。だが老人の怒り狂う姿を考えると生きた心地がしません。間もなく老人がここに来る時間です。あなたはそれまでここにいて、その始末もつけて下さい」

そこまで話したとき、足音が近づき玄関のドアが開いた。ドアの真向こうに夕日があり、通路がサッと明るく照らされた。逆光線になるので、老人の顔は判別できなかった。

住人は全員小走りに自分の部屋に駆け込んでドアを閉めた。老人は雪駄履きの摺り足でシャラシャラと音をたてながら進んできた。

私はT字を左に曲がった所に立っていた。辺りは犬の死体というよりも、後ろ足、胴体、前足、頭……とまるで焼き物の犬を壊して撒き散らしたようになっている。

老人は近づくと、まず辺りの様子を見た。次に自分が借りている部屋に置いてある犬小屋の中を覗き込んだ。それから犬小屋から伸びている鎖をたぐりながらその先端を見た。首輪がぶら下がっているだけである。もう一度辺りを見回して、鎖を通路にポトリと落とした。

部屋の中を隅々まで見ている。犬を探しているのだろう。私は入口の斜め前に立っているのだから、部屋の中が半分ぐらい見えた。ガス、水道付きの六畳一間だ。懐かしい室内だ。

老人はすぐに出てきた。通路をチラッと見た。ドアを閉めた。私も視界に入ったと思うのだが、声もかけず、表情も変えないで、相変わらず摺り足で何事もなかったようにアパートを後にした。

私は犬の死体を片付けようとした。ない。何もない。つい先ほどまで散乱していた犬の死体が見あたらない！　ただ犬の首輪がついた鎖が無造作に落ちているだけだ。

また住人が何人も集まってきた。先ほどの老人の動作を息を殺して見ていたのだろう。ワイワイ、ガヤガヤが始まった。その中に様々な表現で私にお礼を言う人がいた。

私は住人に老人の住所を尋ねた。

「どうするんですか？」

と聞き返して、不安そうに私を見ている。

「老人の愛犬を殺したのだから謝りに行きます」

と言うと、そこにいた全員が口々に、

「それは止めたほうがいい」

と言う。理由は、何をされるかわからない。それより、二〜三日ここにとどまって、これから後の具合を見てくれ……の一点ばりだった。ともかく押し問答の末に、地図を書いてもらって、老人の家に向かった。

地図どおりに歩いていると、老人の家は見当がついた。夕日に照らされた中に、一軒だけ黄金色の光でライトアップされたように輝く家が見えた。屋根の中心から竜巻のように光の柱が立ち昇っている。

そのとき、ふと気づいた。老人には犬の死体が見えなかったのだ。私が死体を片付けようとしたとき、私の視界にも死体はなかった。老人はきっと犬が逃げたと思って帰ったのだ。これで老人は犬から解き放たれたのだ。老人も、私も、アパートの住人も助かったのだ。

「老人は私を赦している。今さら顔を合わせてつまらない話をする必要はない」

おそらく私は、大きな声を出したのであろう。

「そうだ……!」

と言う老人の声が返ってきた。とても嬉しかった。石垣に背をもたせて、老人の家を眺めていた。眠りが私の意識を連れ去ってくれた。

これは二年前の初秋に、四次元で体験した話である。三次元に翻訳すれば、単に不思議体験の夢話になる。だが現実に、あの日から私の膝に妙なことが起こった。痛みが消えたのだ。まるで汚れを洗い落としたように……。

あの日から一カ月も過ぎた頃に、不思議を感じるようになった。五十年間、こんなに痛みを忘れられる日は続かなかった。

「秋と冬を越えてみなければ、何とも言えないだろう」

否定的にも考えた。秋が来た。痛くない。過酷な歩行や運動でテストをした。痛みが取れている！

「でも冬の極寒には……。それまで発表は待っていよう」

そう決めて二年を過ごした。……消えた。あの体験から二年間、五十年も続いた痛みが嘘のように消えた。

この話に関連したものをもう一つ紹介しよう。

私の叔父は、初老の二十数年前に右膝に人工関節を入れる手術をした。当時は日本製には良い品質のものがないとのことで、アメリカからの輸入品だった。叔父は私の祖母の次男だった。おそらく、私が少年の頃に聞かされた内容の訓育を私以上に受けていたであろう。とすれば、叔父の膝の痛みは、手術という他人にもわかる行為まで誰にも語らず、知られず、自分の荷物として背負い続けてきたに違いない。

祖母は明治十三年生まれだった。私の知る限り、三代にわたり百年を超えて一族の右膝に咬みついていたものは一体何だったのだろうか……。深い因縁を感じる。祖母は一生その荷物を背負い続けて次の世に旅立った。

叔父は人工関節によって荷物を下ろし、十五年前に他界している。

私はあの不思議な体験で、五十年間背負い続けた荷物を下ろすことが出来た。これが事実であり、現実である。だが真実はわからない。

不思議な整腸剤

一人で郊外を散歩していた。初めての土地である。いつまでにどこに、といった制約はない。ただ見通しの悪い道と、何となく灰色じみた風景に気持ちを押さえつけられていた。それに人との出合いが極端に少ない。変な街だ……。何か不吉な気配を感じた。

急に便意が押し寄せた。まったく突然のことだった。幼い頃にはよくあった。通学の途中で多くのお宅で便所を借りたものだ。子供心に同じ家に頼むのは気が引けて、少し我慢して別の家にお願いして済ませた。五十年経った今でも、学校から自宅までの家並みで便所を借りた家と、そのお宅の便所の位置や造作のスケッチが出来る。それくらい小学生当時の私は、大便で悩まされていた。

大人になってからも大便についての夢は多い。それらを思い出して書き並べたら、大笑いするものから、震えあがるほど恐ろしいものまで実に多い。

都会に住むようになってからは、駅、スーパー、パチンコ店、役所、公園……があり、幼い頃の緊張感は氷解していた。しかし今日はまったく違う。困った……。悪魔に追いかけられているような危機感が迫ってくる。ない、ない、ない……。急いでその方向に足を進めた。

　そのとき、私を案内してくれるように、不思議な風が私を追い越していった。急いで飛び込み、一息ついてしゃがみ込んだ。日本式の便器だった。汗が一度に噴き出してきた。おそらく顔は青ざめていただろう……。

　もう大丈夫だ！と思った瞬間に、両足の部分と便器が落下した。ダルマ落としの玩具のように……音もなく落ちていく。

「何てことだ」

　私はとっさに両肘を思い切り左右に張って、落下を免れた部分で体を支えた。足はぶら下がったままだ。まず高さを確かめようと下を見た。深い……。こんな谷底でも見えるのか……と思うほど深い。そして激流だ。〝ゾクーッ〟とした。一人、二人……、五人……と人が流れていく。どの顔も上を向いて何かを叫んでいる。その顔に容赦なく汚物が降りかかっている。

　しばらくすると、前と同じ顔が流れていく。この激流は大きく回っている。終わりがないのだ。どの顔も苦しそうだ。今まで想像したこともない悲惨な光景だ。〝地獄だ〟と思った。と同時に、〝助かりたい〟という願望が全身に充満した。欲の塊のように。両肘の力はもう限界だ。そのとき一人の若者が近づいてきた。

「どうすれば良いのでしょう」

と丁寧に聞いた。

「これで良いんだ」

と左後ろでボタンらしいものを押した。

その瞬間に、私は消えた便器部分の横に引き上げられていた。

助かった……と思うと、ほんの数秒だったろう、意識が消えた。意識が戻って、まず若者にお礼を言いたかった。それともう一つ、またどこかで同じような目に遭ったときのことを考えて、助かり方を聞こうとした。だが若者の姿はそこにはもう見えなかった。

自分では数秒だと考えていたが、意外に長かったのかな……と思いながら、もう一度谷底の激流を覗こうとした。そのとき、また強烈な便意を感じた。

「そうだ。さっきはあのアクシデントで結局そのままだったんだ」

今度は確実な所に行こう。起き上がって、静かに階段を降りた。

この体験を境に、数年間も苦痛を味わってきた便秘症が治癒に向かった。

セミプロとして〝夢占い〟をしている知人にこの話をした。

「霊障だったんだ……。もう大丈夫だよ」

という答えだった。

ガリバー体験と皮膚病

起き上がろうとした。手足が動かない。頭も固定されている。

「これでは身動き出来ないよ」

と天井から誰かが教えてくれた。何と!……天井から下を見ているのは自分だ。上向きに寝て、それを下から見ているのも自分だ。下の自分は体を動かせない。どうした訳なのか、状況がよくわからない。天井の自分から寝ている自分を見ることにした。こう決めたのはいつもの自分……、つまり寝ている自分である。

体が動かせないはずだ。両手、両足、胴体、それに頭が鎖でしっかりとベッドに縛りつけてある。

昔の人は人体を四大と表現している。たしかに、この四つをすべて固定されては動けない。この姿を見ていて、幼い頃に読んだガリバー旅行記の挿絵を思い出した。きっと何かが始まるんだ……。よく見ると、もう始まっている。

両手、両足に薄黒い〝生き物〟が何匹か集まってきて、私を食べ始めた。食べ方は昆虫のように直接口を手足につけていない。自分たちの両手で私の手足の肉を削り取って口に運んでいる。両手、両足の先端である指から始めて段々と胴体に近づいてくる。〝生き物〟の数が増えてきた。そのうちに、明らかに両手、両足を同時に食べ終わるためであろう……。〝生き物〟たちは食べる速度を調節したり、お互いに場所を移動している。まだ胴体には手をつけていない。ただ胴体に近づくにしたがって〝生き物〟たちは嬉しそうに囁き合っている。ちょうど人間がレストランで、トロ、赤身、ヒレ、ロース、タン、ハツ……というように……。手足より胴体が旨いのだろうか？

〝生き物〟たちは瞬く間に大きくなって、下の自分の視界にも入ってきた。大体何が起こっているのか想像がついた。天井の自分に確かめた。

「そのとおりだ」

という答えだった。また、

「手足は骨だけになっている」

と教えてくれた。

〝生き物〟たちは手足の鎖を解いた。そして、手足の骨を持ち上げたり、下ろしたり、拡げたり、すぼめたり、関節の曲げ伸ばしをして遊び始めた。その動作はミニチュア人間の仕業に見えた。私は渾身の力を込めて、〝生き物〟たちを追い払おうとした。

もはや手足は自分の意志では動かせない。四大が、頭と胴の二大になったのだ……。

どうすることも出来ない。

上の自分に頼んで、〝生き物〟を追い払ってもらう手もある。だがこうなった以上、もう少し様子を見たい気持ちもあった。しかし、胴体を食べられてはそれまでだ。

そのとき〝生き物〟たちは、私の胴体と頭を囲んで整列した。まるで号令をかけられているような動作だった。両脇から胴体の肉を削ろうとしている。

間もなく心臓を食べられるだろう……と思った瞬間に、天井の自分が私の上に落ちてきた。

〝生き物〟たちは、クモの子を散らしたように消え去った。……私は恐る恐る手足を動かした。動く……。肉もついている。まず安心した。そして、喜びがドッと湧き上がった。

人間にとって身の回りの変化は、〝喜怒哀楽〟に直結している。特に予測することさえ不可能な突然の変化は、自分の意志や行為とはまったく無関係に起こってくる。〝目に見えない所で、しかも無意識に、その原因となる種を自分で蒔いているのだ……〟とどれだけ聞かされても、なかなか素直に受け止めることは出来ない。やはり、恐れや、怯《おび》え、恨み、辛《つら》みが生まれる……。思いを巡らすうちに、心地よい眠りについた。

この出来事を境に、両手、両足の湿疹が快方に向かった。五年以上も痒みに苦しみ、治療を続けてきた症状に、変化が起きたのである。

五年もの間、医療機関を次々にタライ回しされたり、自分からハシゴをして、ほとんど治癒を諦めていた難病だったのに……。

初めは、自分の汗に〝かぶれる〟という診断で、痒み止めの塗布薬を使用した。何年続けても完治しないので、その医療機関の紹介で、別の皮膚科に回された。

そこでの診断は、毛細血管からの出血が直接の原因で、遠因は肝臓障害ということだった。ちょうどその頃に、肝臓の治療を受けていたので十分納得できた。

治療は内服薬で、対症療法として塗布薬を使用した。一向に改善の兆しがないため、主治医から、

「薬を変えてみましょう」

と言われ、内服薬が変わった。服用三日目ぐらいから湿疹が全身に広がった……。そして、

「殺してくれ！」

と叫びたいほどの痒みを覚えた。主治医は、

「相当肝臓が悪いですわ。薬の効果や副作用を、事前に予測することは出来ませんので……」

と前置きをして、

「気長に肝臓を治療する以外にありません。その間は対症療法を続けるくらいです」

との結論であった。

この病院は自分から止め、別の皮膚科の扉を開けた。

そこでは、〝老人性皮乾症〟との診断だった。そして、対症療法以外に適切な治療がないことの説明を受け、痒み止めの塗布薬と、我慢できないときの内服用トンプクを処方された。いずれも副作用が大きいから、最小限の使用にとどめるように注意を受けた。

その他の医療機関も大同小異で根本的な変化はなかった。その間、両足は特に進行し、赤味を帯びたブツブツが絶えることはなかった。仕方なく自己診断で、売薬、下

着、洗剤、寝具……など、考えられるあらゆる手だてを考え、痒みの苦痛から逃れたい一心の行為を続けた。それが何年間も続いていた。

そんな最中での、妙な〝生き物〟との出合いであった。あの生き物たちに食べられたところから赤味を帯びた湿疹は褐色に変わり、痒みもとれ……、次第に元の肌色に戻ってきた……。そして、胸、背中と全身が治癒したのである。

肝硬変と鎌鼬

ベッドから起き上がり、両足を床につけた。立ち上がろうとした瞬間のことだった。右膝の皿の真ん中が、縦に約十五センチメートル切れた。鎌鼬《かまいたち》だ！　脳裏をよぎった。ベッドに腰をかけたまま、恐る恐る右足を曲げてみた。血が吹き出た。それに続いて、熟したアケビのように切れ目が開いた。それ以外は、何がどうなったのか見当もつかなかった。

そのとき、切り口からボールペンのキャップのような褐色の固まりが飛び出して床に落ちた。それに続いて、握り拳くらいのヌメヌメしたものが血まみれで、傷口から何かに押し出されるように現れ、床に落ちそうになった。

私は思わず両手を伸ばし、床に落ちる寸前で右手で受け止めた。見た感じのとおり、それはスーパーの肉売場にあるレバーのような手触りだった。色も濃い褐色だった。

「何が起こったのだろう」

まだ頭の中は混乱していた。何気なく、初めに床に落ちた褐色の固まりを見た。ハッとした。オモチャの人形のように立っている。目鼻もチャント見える。ただ色は、周囲をも汚しそうな黒さに変わっていた。

人形と私の目が合った。その瞬間を待っていたかのように人形は、

「僕がイタズラしていたんです」

と一言だけ言い残して、まるで何かに追われているかのように走り去った。その速さは、煙が立ち昇って消えていくような光景だった。

私は再び右手を見た。色は紫色に変わり、形は茄子のように丸味をおびていた。次に右膝を見た。傷口は大きく開き、中に骨が見えた。

「膝にも臓物があるとは？」

と不思議に思った。

それにしても、これだけのものが出るのを見たのだから……、『ともかく元に戻そう』と考えた。歩けなくなることが一番心配だった。

右手に持ったレバーのようなブヨブヨしたものを用心深く傷口から元に戻した。そのとき、中に入った固まりは輝くような紫色になっていた。切れ目を両手で丁寧に引き寄せ、右手でそっと押さえた。膝頭《ひざがしら》は血糊でベタベタしていた。

「それにしても痛みを感じないのは？」

と頭をよぎった。と同時に、以前テレビで放映していた〝メスを使わない心霊手術〟

を思い出した。

恐る恐る右手を膝頭から離し、そっと傷口を見た。元通りになっている。血糊も消えている。傷口も見えない。右足を少し動かした。動く。ベッドから立ち上がった。歩ける……。感激だった。平成十一年四月八日、夜明け前のことである。

二日後の四月十日の朝、整体治療院に行った。毎週一回の通院で、その日は五回目だった。

症状は、両足が冷たいのである。真夏でも厚めの靴下を履かなければ足が冷えて寝つけない。

診断は『肝機能の障害で血流に異常がある』とのことだった。治療は主として一般に言う〝按摩《あんま》、マッサージ〟である。その日の先生は、一番に私の右足首に手を当て、

「血が通っている！　温かくなったでしょう」

と言われた。次にいつものように、肝臓を十分ぐらいマッサージして、

「峠を越えたね。柔らかくなっている。新しい細胞に生まれ変わり始めたんだよ。こんなに目に見えて良くなると、治療する方も気持ちが晴れるよ」

と楽しそうに語りかけてくださった。私は、

「ありがとうございました」

と言った。

右膝から出たものが私の肝臓であることは見当がついていた。あの日からちょうど一週間になる。

でも『なぜ足から？』私の頭を離れなかった。それが今朝明らかになった。肝臓との対話を要約すると、
私の肝臓は、体の一部分だと私は思いこんでいた。しかし、肝臓は自らの命と意思を持っていたのだ。その上に、私の役に立つことによって、肝臓自身の命が保たれることも十分に承知していた。そして、現在自らが問題を抱えていることも知っていた。さらにその問題を解決するためには、私の〝手当〟に頼る他はないということも……。その手当が、一週間前の朝の手術だったのだ……。

肝臓が私の手当を受けるためには、私が最も扱いやすい所に肝臓自身が移動しなければならない。定位置である右側の腹部では、あの日の手術は不可能である……。そのために、私の体で私が一番作業しやすい所に現れたのである。

私はベッドに腰をかけた状態であったから、傷口はよく見えた。思うように両手が

使えた。問題の原因であった黒い固まりが飛び出し、〝消えていく姿〟も確認できた……。

肝臓は私の手当が終わって、自らの意思と力で定位置に帰ったのだ。私の命を救うことによって、肝臓自身も命を保ったのである。

私の使命は、私の体を構成している六十兆個といわれる細胞の意思を尊重し、それぞれの細胞が〝命を全うできる〟ような生き方をすることである……。改めて肝臓に教えられた……。

明烏の声が聞こえ、窓に朝の気配が迫っていた。

物質は波動から出来上がり、波動は時間、空間を超えると言われている。それを助けるのが意識の在り方で決まることも、体験を重ねることでわかってくる。『窮《きゅう》すれば通《つう》ず』と言われるが、私は自分の健康状態では、たしかに窮していた。それを解決するのは、自分の意思だと確信していたから……。しかし、私を今日まで生かし続けてくれたのは、細胞たちだったのだ。

私は七年前にC型肝炎の診断を受けた。昨年の夏に肝硬変に変わり、今年の三月一日に肝臓ガンの精密検査を受けるように言われ、町のクリニックで対応できる症状を遥かに超えているから、専門病院に移るように紹介を受けていた。

声帯の灼熱手術

それは突然のことだった。一年半も前に、私を地面の杭に縛りつけて私の手足を食べたあの生き物たちが、私を取り囲み、私の喉から胸に液体をかけ火をつけた。その瞬間に炎が立ち上がり、私の上半身は赤銅色に溶けた物体になった。自分の目で確かめると、人体の解剖図のように、気管、食道、肺……がハッキリと見える。どの部分も赤い火の玉だ。生き物たちは胸一杯に水を入れた。しかし、水の中でも体内の各部分は燃え続けている。

生き物たちは、胸の中から何かを取り出そうとする仕草を始めた。それを見て私は叫んだ。

「待ってくれ！　それだけ燃えても残っているものは、私に必要なものだ！　不要なものは、今の炎で焼き尽くされたはずだ！」

と……。

それと同時に、私の脳裏に、

「これで声が出る！」

と言う響きがあった。それは目覚めと同時だった。喉から何かが取り除かれたように軽い。呼吸の通りもよい。声を取り戻したのだ！

私は三カ月ほとんど声を失っていた。病院の診断は、

「声帯に腫瘍が出来て、声帯が正常に動かなくなっている。悪性のものではないが、手術しても効果は望めない。声が出ないからといって、このまま推移すれば完全に声を失うから、無理に腹から大声を出す訓練をして、少しでも声帯を動かし続ける他はない」

とのことだった。

二週間毎に、光ファイバーを喉に入れて写真を見せられるのだが、腫瘍が次第に声帯の両側に広がり、大きくなっている。その状況が三カ月も続いていたのである。

今朝の出来事は、私の意識が細胞に通じ、細胞自身が自分を焼き、不純物を蒸発、昇華させて正常な声帯に戻したのだろう。

この手法は金属の精錬で多用されている。おそらく私の意識体温は、瞬間的に数百

度か数千度になったのだろう。

放射線治療や超音波治療もこの応用では……？と考えながら、蘇った声を何度も試しながら、人体の神秘を噛み締めた。

こうした体験によって、私が今〝気づいて〟いることは、

「細胞は意思を持っていて、私が自由に動かせるものでは決してない。私の手、私の頭、自分の足、目、耳……と何気なく言っているが、私のもの、自分のものは何一つない！」

ということである。

私と私の体を構成している細胞とは、不思議な出合いである。お互いに折り合いをつけ、助け合い、尊敬し合って、生命を全うしているのだ。

細胞が生命を絶てば、私はこの世にとどまることは出来ない。脳死を人の死とする方向になっているが、間違っているのではないだろうか……？　脳は人体の細胞であるにすぎない。

ただ、手足より重要な部位を占めていると多くの人が考えているために、誤った扱いをしているのでは……？

脳を含め六十兆個の細胞は、私が現世で活動するための〝乗り物〟〝器〟と言えるだろう。

この世を渡る乗り物が消滅すれば、私はこの世を去る以外にない。器が壊れたら、中身は漏れてしまう……。その意味で私は、現世の滞在期間を細胞に依存する他はない。六十兆個の細胞は、これからも出来るだけ完全を保持するように努めてくれるであろう……。ありがたいことである。

では、『私に難病が絶えないのはなぜ？』と聞かれるなら、

「細胞が私に発信している警告です。細胞はやがて死滅し、私と訣別しなければなりません。しかし、私には過去世があり、現世があり、来世へと永遠に続きます。現世において、私が〝気づいて〟十分に対応しておかなければならないことを、私に『気づけ！　気づけ！』と細胞自身が犠牲になって迫っているのです。細胞が投げかけている警告を私が正しく認識したら、細胞は目的を達して元に復するのです。この一連の人体システムを〝自然治癒力〟と呼ぶのです」

とお答えしましょう。

そのとき、ズンベラボーから交信が来た。

「少しずつおわかりになっているようですね……」

と……。

苦痛からの気づき

平成十一年八月九日、午後八時十分、長兄の一周忌の帰りで、自宅にあと二十メートルまで来た路上でのことである。最寄りの駅からその地点までは、ダラダラ坂が約五百メートル続いている。いつものことであるが、呼吸が次第に荒くなり、全身が汗ばんでいた。

それは初めての体験だった。呼吸が出来ない……。正確には息が吐けないのである。同時に、気管に灼熱の鉄棒を押し込まれたのではないかと思うほど胸が熱い……。たとえようもなく苦しい。遂に来たか！という意識が走った。息を吐こうとすれば、胸全体が燃え上がるように苦しい……。もちろん息を吸うことも出来ない……。声も出ない。

私は、主治医に六カ月も前から入院治療を勧められていた。そのとき、『私の人生観に基づいて入院治療を拒み、外来患者として苦痛を取り除く医療に留めておく』とカルテに記入してもらって、六カ月間薬の投与を受けてきた。

主治医の説明では、

「この病気は些細なキッカケで容体が急変し、血を吐いて絶命する危険が極めて大きい」

とのことであった。

遂にそのときが来たか……と思いながら、路傍に座り込んだ。幸いに辺りは暗く、人通りもなかった。私は常に携帯しているスポーツドリンクを取り出した。

そのとき、『末期の水が喉を通れば息を吹き返す』という少年の頃に聞いた言葉が頭を掠《かす》めた。同時に、私は末期の水を与える光景を思い出した。あれは箸の先に木綿の晒《さらし》を巻き付け、水に浸して舌に水滴を落とすのだ……と。

私は静かに、ゆっくりドリンクを口に当て、

「末期の水を自分で……」

と思いながら、ごく少量を口に流した。意識が急速に薄れたようだったが、胸の苦痛は今まで経験したことのない厳しさで、強烈なものだった……。少年の頃、古老からよく聞かされた『死に病と金儲けに楽なものはない……』という格言を思い出し、

「まったくだ」

と思った。

液体が喉を通った。二口、三口……と少しずつ口に移した。次第にスムーズにドリンクが喉を通った……。ほとんど同時に、全身から汗が噴き出した。あたかも十分に水を含んだスポンジを握り潰したように……。

来世に旅立つ人を『息を引き取られた』と言う。また旅立ちの途中で引き返した人を『息を吹き返された』と言う。どちらも正しい表現だと思いながら、曇り空を見つめていた。

塞がっていた気管が少しずつ開いていくようだった。息が吐ける。空気が吸える。……私は息を吹き返したのだ。特別な感激はなかった。倒れるように腰を下ろしてから三分間か五分間くらいだったろうか。ただ苦しかった感覚はハッキリと残っていた。そして、新たな〝死の恐怖〟を覚えた。

これなら歩ける……。私は立ち上がり、かたつむりのようにスリ足で二十メートル進み、自宅のピンポンを押した。

この数分間で気づいたことは、来世への旅立ちには精神的な苦痛と肉体的な苦痛があり、多くの死生観は精神的なものに主軸を置いているように思われる。しかし私の場合は、霊界との往復、ズンベラボーとの交信、夢の中での四次元体験……などによってかなり解決できたと思っている。現に今日も淡々と受け入れることが出来た。だがあの肉体的に不快な苦痛はたとえようもないものだった。

言葉が出せるなら喚き散らしたのではないだろうか。……幸か不幸か、息が吐けない状態では言葉は絶対に出せない。そのために周囲の人は『眠るように旅立たれた』と認識できるのだろう。

このメカニズムは、おそらく細胞の知恵だと思われる。もし旅立ちの肉体的苦痛が眠るがごとく耐えられるものなら、〝安楽死〟の考えは生まれる余地はない筈である。不慮の死は『息も絶え絶え……』と言われる。その状態では言葉は出せる。そのときに発する言葉が想念の塊となるのだろうか?

自然死を尊厳する知恵を改めて感じた。と同時に、精神修養が〝旅立ちの肉体的苦痛〟に対しては、ほとんど無力であることに気づかされた。

また、古今東西の多くの宗教が病気治癒の旗を掲げている由来も理解できた。おそらく『健全な肉体に健全な精神が宿り、健全な精神が健全な肉体を育む』のであろう。二足歩行の人体のように……。どちらか一方が進み過ぎては、バランスを崩し転倒するだけであろう。……多くの〝気づき〟を与えられた。

後日、〝末期の水〟について主治医に報告をした。

「少しずつ飲まれたから、今日こうしてお話が出来るのですよ。大量に飲もうとされたら、おそらく〝窒息死〟か、〝咳き込みで静脈瘤が破裂し吐血して絶命……〟となっていたでしょう」とのことだった。

私の食道は、内視鏡写真によると静脈瘤がアルプス山脈のように連なっている。そして先端が赤く腫れていて、『いつ破裂してもオカシクない』との診断を受け、この静脈瘤を接着剤で固める手術を勧められていた。また日常生活では、固い物を食べないように、魚の小骨を飲み込まないように……といった注意を受けていた。手術については拒み続けた。


それにしてもドリンクを手にしたとき、五十年以上も前に、母方の祖母に末期の水を与えていた光景を思い起こしてくれた脳細胞の偉力は驚きだった。私が十二歳のときに、ただ一回だけ遭遇したことなのに……。

きっと祖母が身をもって私に教えてくれていたのであろう。

耐え難い苦痛の中で、私はほとんど無意識に、祖母が旅立ったときの〝末期の水〟の作法に従っていた。

幸いにも私の手は正確に動いた。……それは目に見えない自分以外のエネルギーに操られているようでもあった。

私はいつも、現世での〝私の命〟は六十兆個の細胞が握っていると思っている。

主治医の説明を総合すると、現に今回は脳細胞に助けられた。私に正しい処置を教えてくれたのだから……。

私にはまだ現世での役目が残っていたのであろう。……自分では末期の水と思っていたものが、〝救いの水〟になったのである。

これからどんな役目に出合っても、〝自然体〟で受け止めなければ……。私に役目がある限り、細胞は必ず奮起してくれることだろう。

細胞に信頼される生き様

〝末期の水〟を体験してから四日目の早朝、ズンベラボーから交信が来た。午前二時五分だった。

「先日は貴重な〝気づき〟をされましたね。魂が現世で進歩できるのは、細胞に乗っているからです。細胞を離れた魂は所詮浮遊霊です。あなたがメモをされるのを見ていましたが、その中で『脳細胞が末期の水の作法をあなたの両手に伝えたこと』、これこそ宇宙エネルギーと言えるでしょう。もう一歩飛躍した表現をすれば、〝宇宙神の意思〟をあなたの脳細胞が受信したのです。

そこまでは気づいておられない様子なので一言。その他のことは、特に申し上げることはありません。

話は変わりますが、あなたが最初にガンの告知を受けられたのは五十二歳でした。あのときの診断では、早ければ六カ月、長くても一年半でしたね。……でもあれから十二年経ちました。

これだけ命を保たれた訳をお話しいたしましょう……。それはあのとき、あなたが医者であるお兄さまに対応を相談されたことがキッカケでした。

お兄さまは開口一番、次のように答えられました。

『なに、ガンか！　それは良かったなあ……。ガンは死なせてもらえるから寝たきり老人にならなくて済むぞ』

この言葉は、あなたの期待にも、想像にも、まったく反したものでした。そのためにあなたは、『よーし、兄よりも一日でも一時間でも後までこの世にいるぞ！』と強烈な決心をされました。その決意にあなたを構成している六十兆個の細胞が感動し、〝気を引き締めて〟自分を守りました。その結果、今のあなたがあるのです。

お兄さまはご健在です。あなたの細胞も精進を続けることでしょう。


もう一つ付け加えますと、先日あなたは、小さな生き物たちに胸を焼かれて、失っていた声を取り戻されました。

あのとき、生き物たちが焼けたあなたの胸から何かを持ち去ろうとするのを見て、とっさにあなたが、『待ってくれ。これだけの煙火でも焼け残ったものは私に必要なはずだ。そのままにしてくれ！』と叫ばれました。

生き物たちはその真剣さに驚くと共に、『自分の命をあなたに預けて安心だ！』と囁き合って立ち去ったのです。

この生き物たちは、あなたの六十兆個の細胞に宿る〝精〟なのです。

蛇足ですが、あなたの魂が現世で活動されるために必要な細胞は〝必ず再生〟します。そして、より多くの〝気づき〟をあなたにプレゼントするでしょう」

今朝の交信はこれで終わった。

神の分身としての細胞

『人間は生まれながらにして神の分身である』とか、『全ての生き物は仏性を備えて生まれている』と言われている。

私にはどちらもわかりにくい。いつか、ズンベラボーに聞いてみたいと思っていた。

来た、来た。……

「それは多くの人たちが同じようにお持ちの疑問でしょう。現在のあなたには、次のように説明したら正しく理解していただけると思います。もし、胸にストンと落ちない点がありましたら、素直に首をかしげて下さい。説明の方法を変えますから」

この前置きの響きは黄色のズンベラボーだ。説明は続いた。

「あなたが常に感じておられるように、人間は心と体を持っています。体は六十兆個の細胞で創り上げられていますが、心が何で出来ているのか？　どんな仕掛けでコロコロ心変わりするのか……？　また強靱な心に鍛え上げられるのか？……現世の人にはよくわかっていません。

歴史上でも、実に多くの人がこの問題の追求にエネルギーを費やしました。特に宗教家と呼ばれる人たちにとっては、この解明が永い間、悩みのタネとなっていました。そこに救世主のように現れたのが〝近代科学〟でした。特に科学の分析手法にいろいろな角度、切り口で飛び付き、様々な結論を導きました。

そうした中で、代表的なものが心・精神を脳髄に置き換える考え方でした。その理由は、心・精神をどうして計量できるかという点からアプローチした人たちの考えにマッチしたのです。『もし心・精神を計量できるものに置き換えれば、それを量ることによって、心・精神に到達できる』という仮説をたてたのです」

私は首もかしげず、表情も変えず、真剣に聞き入っていた。ズンベラボーは、いつもより注意深く感じられたが、説明は流暢に進んでいった。

「私の体験から簡単に結論に入りますと……。

細胞は神の分身です。しかし、心は即座に神仏にもなれるし、悪魔にもなれる誠にフリーな存在なのです。そのために神の分身である細胞が、このヤッカイな心を囲み〝御守《おもり》〟をしてくれているのです。

目的は当然のことながら、心を神仏に近づけるためです。チョット考えてみて下さい。これまでのあなたの人生で、最も扱いにくかったものは、あなたご自身の〝心〟ではありませんか？」

私はここで思わずズンベラボーの説明を遮って質問をしていた。ほとんど無意識に発した言葉だった。

「地獄・極楽は来世の話ではなく、この現世の話で、人間は死んだらそれで全てが終わり、地獄も極楽もない！　という説がありますが、それは……」

まで発信したところで、ズンベラボーの説明が返ってきた。

「その説は大変な間違いです。そうした説があることは、私もよく知っています。特に、最近の豊かな物質社会では横行しているようです……。

人間が細胞を離れて来世に旅立つとき、頼りない心が迷い込むのが地獄です。それを避けるために現世で細胞の御守を受けながら心を神に近づけ、仏性を磨き来世の旅路を安寧に導いてくれる道標が極楽なのです。

このことに気づかないでいると、細胞をまるで心の家来か所有物のように扱ってしまい、細胞の仕置きを受けて病気になるのです。

その意味では病気は細胞が心に大切なことを〝気づかせる〟警鐘と言えるでしょう。細胞の御守を素直に受け、心を浄化し、神仏に目覚めて、〝心の独り立ち〟をして来世に旅立ちたいものです……。

それには細胞に独り立ちの証明をもらえるようにしなければなりません。

その証明の一つが健康と言えるでしょう」

ズンベラボーの説明を反芻しながらしばらく待っていたが、今日の交信はここで途絶えた。

細胞と心

最近、ズンベラボーとの交信が頻繁になってきた。そのうえ話の中心が細胞に関するもので、現在私が抱えている健康問題と重ね合わせると、とても興味深いものがある。

今朝の交信は、いつものように午前二時に始まった。

「細胞は役目を果たすために、外部から受けた刺激を〝感覚〟として心に伝える機能を持っています。

心はその感覚を〝感情〟に育て、更にその感情を〝欲望〟に組み換えて、生き物としての人体の生存の基礎にしています。

たとえば暑いという感覚が〝苦しい〟という感情を生み、『涼しい場所に移動したい』という欲望になります。また、匂い、何だろう……、見たい、食べたい、触りたい……というように感覚、感情、欲望への展開によって、私たちは現世での生命を維持しています。

このように、生命活動の入口を分担する細胞は、周囲から何かを感知した瞬間に任務を終え、次の展開は心が思いのままに感情、欲望へと細工をするのです。

そのために、人間の心身に悲劇が起こるのです。つまり、細胞が正確に感知した感覚から心が過激な感情に〝突き進み〟、欲望の淵に溺れることになれば、細胞もいやおうなく引きずり込まれます。細胞は本来〝神の分身〟ですから苦しみます。そのとき、ただ一つの抵抗が細胞自身の〝機能放棄〟です。その結果として、身体に表れる現象が細胞の老化です。さらにこの状態が継続し進行した状態を病気と呼んでいるのです。

この意味で病気は、細胞が心に発信している警告と言えるでしょう。私たちが現世で命を保つためには感覚、感情、欲望は必要不可欠のものです。ところが、人体は実に皮肉に出来ています。必要なものほどバランスを崩しやすく出来ていて、あり過ぎても、逆に少なくても人体を亡ぼすのです。

角度を変えてみて下さい。

幼児は、感覚を長い時間、味わいながら生きています。思春期の青少年は、豊かな感情を享受して人生を楽しみます。成人の多くは、年齢を増す毎に欲望に直進して人生を苦しみに変えています。

現世では、幼、青、老の定義をいろいろと試みていますが、霊になって言えることは、感覚を楽しむ人は、幼児のように健全な細胞の持ち主です。

また、豊かな感情を享受して周囲に愛を感じてもらい、自分も安らぎの中に暮らす人は、青春を謳歌している若人です。

だが、感覚も楽しめず、感情の授受による人生の充実を図ることも出来ず、欲望の実現にひた走る人は老化人です。

これは、暦の年齢とはまったく無関係です。その上、この三段階は本人がどのように説明しても表現しているのは細胞ですから、第三者から見て一目瞭然です」

私はズンベラボーの説明を聴覚が取り次いでくれる感覚を受け止めながら、これがズンベラボーの言う〝感覚を楽しむ〟ことなのかなあ……と頭を掠《かす》めた瞬間のことだった。突然ズンベラボーの語気が変わった。

「今まで説明したことは、人の生き方の可・否・善・悪を言っているのではありません。あなたは十分におわかりだと思いますが、念のため付け加えます。

以前にもお話ししましたが、霊は預金通帳で言えば、それぞれ自分の残高を持って輪廻転生しています。今、現世におられる人には、各人各様の目的があって生活を続けておられるのです。したがって、その人の目的と生き方を第三者がとやかく言う必要も資格もないのです。

現世で社会生活上のトラブルが多発しているのは、この基本的な一線を越えて、第三者が感覚、感情、欲望についての画一論を振り回し過ぎているからです。

それにもう一つ、蛇足ながらお話ししておきます……。それは現世での精神世界の探求ブームです。多くの人が先を競って〝突進されている〟光景が窺《うかが》えますが、霊界から見ていますと〝ヒヤヒヤもの〟が見え隠れしているのです。現世では〝チョット立ち寄ってみる〟とか、〝アー面白かった〟といった軽い気持ちでも、霊になったときの旅路で、思いもよらぬ遠回りをすることが起こる場合がありますから……。

この二つをあなたご自身の行動の参考にして下さい。

一般に、追い求めて得た結果は、全て間違いと言えるでしょう。反対に、捨てても捨てても捨てきれず、どうしようもなく残ったものが本当の結果です。

特に精神世界の探求は、必要な人には必要なときに、必要なだけの導きの風が吹くものです。

現世で古くより伝えられている『さわらぬ神に祟りなし』と教えているのも、こうした意味だと思われます」

穏やかな口調になっている。今朝の交信はこれで終わりだろう。感覚を楽しみながら、ふとズンベラボーには感覚があるのだろうか?……と思ったそのとき、体を突き刺すように交信が来た。

「霊は細胞を持っていません。したがって、人体的な感覚、感情、欲望といったものは一切ありません。

このことは、霊の進化にとっては、自分を知るチャンスが極端に少なくなりますから、とても厳しいのです。

現世での心の進歩は結局のところ、お互いの生活舞台で感覚、感情、欲望が〝ぶつかり合って〟自分を知っていくことなのです。

たとえば、人を憎んでも憎んでも〝苦しむのは結局は自分〟と感じたとき、また、人を疑っても疑っても〝疑われている自分〟が見えたとき、感情、欲望の扱い方が本当にわかってくるのです。

現世で感情、欲望をなくすことは決して出来ません。しかし、扱い方がわかれば、一時的に離れることは可能です。そのときに〝旅立ち〟が出来る人は幸せです。もし、感情、欲望を持ったまま〝旅立ち〟ますと、霊界でその扱い方を知る手段はありません。絡みついた感情、欲望に、永久に苦しまなければならなくなります。

そのために、霊のままで現世に出没して感情、欲望を満たそうと多くの方に迷惑をかけるか、細胞を持った人間に再度生まれることになります。ところが、そうして生まれ変わった人は〝前世の何倍ものハンディ〟を背負っているのです。一般に言われている〝業〟の大きさです。

いずれにしても、現世を旅立つとき、〝細胞と同居〟した感情、欲望を整理できていることが一番良いのです。これが心の進歩した姿です。

それには、いたずらに延命せず、また自ら命を縮める行為もせず、〝自然の法理におまかせ〟することでしょう。

これが『天寿、天命を全うした』人生と言えるでしょう」

感覚に余韻をのせているうちに眠りについていた。交信が終わったときの私の合図を送らないままに……。この交信に細胞も同意だったのだろう。

細胞と魂

ズンベラボーの説明で、細胞と心の関係はよく理解できた。たしかに心は、細胞の協力と導きによって進化している。たとえば、細胞の機能である五感による〝気づき〟で心が変化する如実な体験は多い。ところで、心のコントロールをしていると思われる魂と細胞の関係は……。目に見えなくて、量ることも掴むことも出来ない魂が、いつ、どんな契機で細胞と結合したのだろうか？……と意識に浮かんだそのとき、

「お待ちしていましたよ」

ズンベラボーから交信が来た。

「人体の細胞はアメーバ以前から、動物、植物はもちろんのこと、細菌、ウイルスまで含めて〝同じ根っこ〟から進化したものです。

〝無限にある細胞群〟の一つの種類に、魂が突然〝宿った〟のです。そして、お互いに助け合い、励まし合い、共生して、今日の人類を創り上げました。

それは魂にとっても、その細胞群にとっても、現世で進化するためにお互いに都合

の良い〝乗り物〟だったからです。しかし、そのことが人類の苦難の原因にもなりました。

それは、目的も機能も生まれ変わりの歴史や回数も一致しない……、いわゆる『生まれも育ちも異なった』細胞と魂が突然合体したのですから……。

現世に生まれた細胞に、大宇宙の他の星から探検に飛来した魂が、現世で活動するために〝居候〟を始めたのです。大宇宙の直径は二億三千万光年以上もあり、太陽系宇宙と同様のものが何千、何万もあると言われています。この広大さは、現世の知識では想像することさえ難しい話です。その大宇宙に点在する星の数は無限です。

それらの星から現世に飛来した魂は、まさに千差万別です。そうした魂が細胞を〝現世の乗り物〟として〝生身の人間〟となり、進歩を志して活動を繰り返しているのです。細胞が不快に思う魂の行為に対して、病むことによってサインを出すのも頷《うなず》けるでしょう。

当然のことながら、細胞は魂に比べると遥かに進化した状態にあります。一つの例を示しますと、細胞は、細菌もウイルスも受け入れて上手に共生します。ところが魂は想いを派生させ、想いは感情、欲望を生み、知識を蓄え、自分の想いで〝善・悪の物差し〟を創りました。

そうして、細胞が受け入れている細菌、ウイルスに対しても、良い細菌、悪い細菌、良いウイルス、悪いウイルス……などと勝手に区別して、あたかも正義の具現者のように、悪と闘うことを始めました。

こうした行為は、〝大自然の法則〟から見れば高慢不遜な態度です。

人類を神仏の意思に照らしてみれば、全ての人が悪人と言えるでしょう。霊的に言えば、人間が悪と闘うことは、自分自身の心と闘うことに尽きるのです。なぜなら、人類は基本的に一人として善人はいないからです。ただ、大多数の人が〝善人でありたい〟と願ってはいるのですが、途中で〝善人ぶる行為〟をすることが引き金となって落とし穴に向かうのです。

そこに、〝大自然の法則で進化〟した細胞の苦悩があります」

私はズンベラボーの説明を注意深く聞き分け、要所々々で頷いていたが、交信がしばらく途絶え、変わったトーンで次のコメントを受けた。

「科学的であろうとする人は、百パーセント科学で証明されたものを信じ、納得できなくても否定はしません。ところが霊的な思考をする人は多くのことを宗教的、精神的に理解しようと努力します。その結果、お互いが自分の〝気づき〟に拘《こだわ》り、とらわれ、考え方に偏りが出て、対立を起こしたり、争ったり……、結論を大きく間違えています。

現在のあなたへのアドバイスは『わからないことはわからないこととして超然と進まれるように……』と言うことです。それが偉大なものに〝跪《ひざまず》く素直な〟態度です。肉体を持った人間には必ず限界があります。

精神世界を探求される人にとって、迷路の入口は個人崇拝です。どんな説を打ち立てた人であっても、決して偉大なものとして従われないように……。特に恐怖心を煽《あお》る人には気をつけて下さい」

今日の交信はこれで終わった。

最近私は、〝教祖ッポイ人〟を紹介されたり、〝病気治癒の達人〟と呼ばれている人との出合いがあったり……。

アッ！　そうだ。私はズンベラボーに見守られていたのだ。嬉しい限りだ。

「偉大なものは〝大自然の法則〟すなわち真理！」

ズンベラボーからダメ押しの一言が届いた。

魂の横暴

ズンベラボーの説明はいつも興味が湧く。今日の内容では、細胞と魂の〝生まれと育ち〟のくだりで、もし両者に〝大きな対立〟が起こったら？……と思ったそのとき、「良いところに気づかれましたね」

から始まって、次のような交信が続いた。

「先ほどもお話ししましたように、細胞は現世で生まれ、現世のエネルギーに支えられて進化しました。魂は大宇宙から偶々《たまたま》現世に来て〝居着いている〟のです。したがって、いつ訣別してもおかしくないのです。

現在の兆候から見てもいろいろな側面があります。たとえば、現世の温暖化問題、科学物質による環境汚染……などなど、これだけ目に見える形で突きつけられても、人類は本気で対策を実行していません。

それには根本的な理由があります。すなわち、魂は細胞を棄て、大宇宙の他の星に飛散して、まったく別の細胞と合体することが出来ます。また、故郷の星に帰還して鉱物化し、次の活躍舞台の出現を待つことも出来ます。さらに、現世に浮遊霊としてとどまることも。……選択肢はいろいろあります。一方細胞は、無限の時を経て現世で進化した実績を持っています。その間、現世の変化は想像を絶するものがあります。現在叫ばれているような環境汚染や温暖化とは比較にならない激しい変化を生き抜いて今日を築いたのです。当然、自信に満ちています。現世という固体が破壊されない限り、バクテリアから〝出直し〟すれば良いのですから、余裕綽々《しゃくしゃく》でしょう。

現世に生命体が発生しいろいろな〝種が生まれ〟、それぞれに自分たちの細胞を進化させ今日に至りました。そのプロセスですでに九十九パーセントの種が絶滅したと言われています。それでも今日無数の種が存在していることから見ても細胞の根絶はあり得ないでしょう」

私は吸い込まれるようにズンベラボーの交信に乗っていた。それは、心も体も霧のように空気に溶け込み混ざり合って、どこまでが自分と言えるのかわからない状態になったようだった。夢でも現実でもない。意識、無意識と言った区別でもない。この体感をどのように記憶しておけば良いのだろうか?……と考えていると、上の方から私を見ている者がいる。集中してその姿を確かめようとした。……何とそれは私自身だったのだ。ふと我に返ると、ズンベラボーの交信は続いていた。今のことで聞き逃したのでは……と思いながら交信に集中した。

「魂にとって現在の肉体細胞は大変に便利な〝乗り物〟です。そのために、太古より肉体を持ったまま現世を旅立ちたい願望があり、いろいろと試みた先達がいました。

ジャックと豆の木の話、龍に乗って天に昇る話、また箒《ほうき》に跨《またが》る魔法使い、銀河鉄道などの物語は、こうした試みを象徴したものです。現在の人類が宇宙開発に血道を上げているのも魂の奥底に秘められている欲望の現れで、目的は肉体細胞を自分の所有物として楽園に移住するためです。

別の角度から見ても、人類は発生以来、自分たちの種以外の細胞を自分たちのために使用してきました。

初めの頃はその使い方も、食べる、着る、住む……ために、どちらかと言えば原形のまま、直接的に使用しました。

次に加工、混合してより便利に効率の高い使い方を考案しました。

近代科学は、細胞を構成している原子の段階まで分析して、まったく新しい化合物を作り上げ、細胞が本来持っている性質を〝ネジ曲げてまで利用〟する方法を開発しました。

遺伝子組み換えや、人工○○、人造○○……と言われるものです。
こうした傾向は、魂が細胞を自分たちの所有物と考えている証拠でしょう。もし、魂と一心同体であると信じていれば、とうていこうしたことに手を染めることは出来ないはずです。今に細胞の大反……」

ここで交信が途絶えた。どうにも終わりの部分が聞き取れなかった。細胞についての交信が立て続けに来ているのだが、私の理解力に問題があってズンベラボーの心境に変化があったのだろうか？　今日の終わり方はいつもと違っている。疑問点をまとめてこちらから質問の発信をすることにしよう。

鼻の向きを変える

ズンベラボーの交信の終わり方が気にかかって、寝付きが悪かった。交信記録を残すようになって二年近くになるが、その頃までの私は、ビデオテープを見るように、何回見ても寸分違わない同じ夢を何度も見ていた。それも三回や五回ではない。何十回、何百回かもしれない。そのうえ、同じ夢を何回にも分けて続きを見て、完結することが多くなっていた。

たとえば夢の途中で目覚めて外出し、電車の居眠りで途切れ途切れに続きを見て、夜に持ち越して完結……といった具合になっていた。

あるとき、霊能者だと自称し、その筋の活動を職業としている方の講演会で、こうした夢の見方について面白半分の気持ちで質問をしたことがあった。

講師から即座に次のような答えが返ってきた。

「その夢は、あなたにとても因縁の深かった方からの贈り物で、あなたの強情さ、ガンコさに対して何かを〝気づかせよう〟としたメッセージです」

会場にドッと笑いが起こった。続いて、

「とにかく夢の記録をしなさい。普通の夢はすぐ忘れますが、霊夢は一カ月でも一年でも覚えています。しかし記録しておかなければ、夢のつながりから〝気づくもの〟を得ることが出来ません。それから、あなたにメッセージを送り続けている方の気持ちを受け入れることです。あなたがその方のメッセージを否定している限り、いつまでも今の状態が続きますよ」

と。

その霊能者のアドバイスを曲がりなりにも実行するようになって二年になる。記録を始めてから間もなく、同じ夢を見ることが次第に少なくなり、数カ月後からはまったくその夢を見なくなった。そうなるとその夢の懐かしさがこみあげ、何か心に欠けたものを感じる淋しさを味わうようになってきた。これも私の不思議体験であり、一つの〝気づき〟でもあった。

思い出は何かに関連して浮かぶものだが、今日は突然、六歳の早春に体験したことが私の意識を完全に支配した。

その思い出は、山村の畔道で二匹の蛇に出合ったことから始まる。互いに相手の尻尾に咬みつき、どちらも十センチくらい飲み込んでいた。そのために、自転車のタイヤを投げ捨てたように円形になって静止していた。

私は足を止め、その後の展開を見つめた。しばらく見ていたが、蛇は二匹ともビクとも動かない。何かを投げつけるか棒でツツイてみようと考えた。と同時に、二日前に祖父から蛇に関わる忠告を受けたことを思い出し、蛇に手出しするのを止めた。

祖父の忠告を受けたとき、私は蛇の尻尾を踏みつけ、その蛇の頭を目がけて砂利を投げつけていた。蛇は蛙の片足にシッカリと咬みついて、蛙を飲み込もうとしているところだった。そこに祖父が通りかかり、

「何をしているんだ……？」

と声をかけられた。

「蛙を助けてやろうと思って……」

と私の考えと行為の説明をした。その答えに祖父は、

「蛇は蛙を食べて生きているんだよ。助けられた蛙は喜ぶだろうが、蛇には恨まれるぞ……。それから、蛇の歯は喉の方に向かって斜めに生えているから、蛙を引き出しても足は千切れてしまうよ。さらに蛇は食べ物を溶かす毒を歯から出すから、蛙を助けたと思っても間もなく蛙も死ぬことになるんだ。蛇を逃がしてやりなさい。せっか

祖霊を祭る神社

く捕まえた蛙だもの……。お前だってやっと集めたイチゴを横取りされたらどう思う?」と六歳の私に良くわかるように教えてくれた。

山村の石垣にも野苺が赤く色づいていた。私は蛇の尻尾を踏みつけた足を離した。蛇は蛙をくわえたままその場から逃げた。

私はついに自転車のタイヤ状になっている蛇に砂利を投げつけた。蛇は歪《いびつ》な輪を描きながら動き始めた。私は蛇が進む方向について進んだ。蛇は溝に落ち、溝沿いに進んで段差のある石垣から落ちて姿を消した。互いに尻尾を飲み込んだままで……。

私は、この一部始終を二歳年上の兄に話した。兄はおそらく私の作り話だと思ったのであろう。

「お前は、蛇使いに狙われているのだ。そのうち蛇に取り付かれるぞ」

と頭から相手にしてくれなかった。近所の一歳年上の友達にも話したが、反応は兄と大同小異だった。

当時の山村では、犬使いや蛇使いの話は、六歳の私も知っているくらい病気や災難の度に大人たちの話題になっていた。

私は目の前で見た光景を誰かに聞いて欲しかった。その感動を押さえきれず、急いで祖父のところに走り、堰を切ったように蛇の話をした。

祖父は私の話を静かに終わりまで聞いてから、次のように教えてくれた。

「それは良いものを見たな。生き物は、みんな鼻の向いた方に進むんだ。そのとき、鼻の前に〝邪魔もの〟がいたら相手に咬みつくんだよ。そして、どちらも怪我をしたり、命を落とすんだ。だが賢い生き物は、そのとき〝鼻の向き〟を変えるんだよ。お前も賢い人に成れよ！」

と。

幼児から少年にかけて、祖父はとても多くの示唆を私に与えてくれた。この蛇に関わる二度の話も忘れられないもので、私の人生に大きな成果があった。

今朝、改めて感じた。死神の迎えを受けて籠に乗った日からちょうど二年になる。あれは平成十年二月五日の朝だった。そのとき、目玉が空中に浮かんだように、前後、左右、上下……、思いのままに見渡すことが出来た。

そうだ！　鼻の向きは、思いのままに変えられるのだ。……私は六十年間、鼻の向きを変えながら生活を組み立ててきたつもりでいたが、それは自分の思いであって、実際には向きはほとんど変わっていなかったのだ。

このことに〝気づく〟ために、死神の迎えから始まって、ズンベラボーとの出合い、……数々の不思議体験があったのだ。

「鼻の向きを思いのままに変える。……とても力になる〝生き方〟に気づかれましたね。お爺さまもきっとお喜びのことでしょう」

ズンベラボーだ。その響きの向こうに白い姿が見える。……交信は続いている。

「今あなたには、私が白く見えているのですか？……その色は、あなたが私を見るとき、あなたの心が決めているのですよ。

私は以前あなたに、〝ズンベラボーⅡ〟と名乗ったことがあります。そのとき、いつか正しい自己紹介をすると言いましたが、覚えておられるでしょうか？

あのときは、あなたがご自分の想いで、黄色のズンベラボーとか、白いズンベラボーとか……お決めになっているので、私は口論を避けました。もうおわかりでしょう。今日あなたは、〝気づきの道〟へ通じる第一の門を通過されました。これからも第二の門、第三の門と続くことでしょう」

しばらく待っていたが、交信はこれで終わった。


平成十二年二月五日の目覚めは壮快だった。力が全身に充満している気分だ。喉の乾きも感じない。さっそく体力を試したくなった。

外を歩いてみよう。二百メートル歩いても、喉がヒビ割れるような感じが起こらない。五百メートルのコースを終えた。今までは、途中で二回〜三回スポーツドリンクを飲まなければならなかったのに……。

家に帰って鏡を見た。顔色が違う。霧が晴れたように、雨上がりに虹が現れたように……。一夜にしてこんな変化が……。驚きだ！

進化する土の意思

先日ズンベラボーから受けた交信の中に、『わからないことはわからないこととして、超然として進むように……』という一言が、心に深く突き刺さった。

私には五十年以上にわたって、わからないままに大切にしてきた〝想い出〟が数多くある。それらは人生の節目に直面したとき、私が道を誤らないように適切に作用してくれたと考えている。

私は、昭和二十三年四月に中学校に入学した。昭和二十二年に学制改革があり、当時の中学校は、昭和二十一年以前に志望者だけが進学していた五年制の旧制中学と、義務教育となった三年制の新制中学が併設されていた。私たちは何かにつけ、新制、新制と呼ばれ、旧制に比べ軽く扱われた。一年前までは〝高等小学校〟と呼ばれていた校門に〝中学校〟の表札が掛け変えられ、加えて山村の分校で、生徒数五十名弱、先生二人という小所帯であったから、大人たちが戸惑ったのも当然と言えよう。

そんな状況の下で、校歌、校章、校訓……といった形が次々に決められた。しかし

故郷の大地

授業は、担任が全教科を受け持っていて、小学校の延長そのものであった。

クラブ活動が導入され、学校行事に生徒の提案が受け入れられるようになり、一年生の学年行事として〝肝試し〟が行われることになった。内容も生徒の合議で、新月の夜、お寺に集合して、そこから約一キロメートルの山中にある火葬場まで行き、人骨を持って帰ることに決まった。この行事は大人たちに軽く見られないための意図を含んでいた。

道を覚えるため、ハイキングを兼ねて学年全員で下見に出かけた。その行程は、昼間でも薄暗い谷沿いの坂道だった。火葬場の片隅にはうず高く積み上げられた土砂があり、所々に不気味な白さの人骨が散らばっていた。おそらく何十年間もの拾い残しであろう。

担任の先生は、人骨の混ざった土砂の盛り土を指差して、

「この場所を覚えておけ！　真っ暗な中で、手探りで拾うことになるぞ」

と言われた。帰り道は迂回して一方通行にし、途中で誰にも出合えないように工夫された。

私は闇夜でもこの内容を完遂できる自信はあったが、〝念のため〟にと考え、別の火葬場に行って、誰にも気づかれないように人骨を用意して実施日を待った。

実行日は夏休みに入ってからだった。男女二十一名全員がお寺の門前に集合した。男の子が先に出発することになり、クジ引きで順番を決めた。私は三番目だった。

先生の合図で次々に出発した。一番の子は間もなく引き返してきた。私の番が来た。足取りも軽く出発した。途中で引き返してくる二番の子と出合った。様子を聞くと、物音がし、木が揺れ、動物の鳴き声や人の呻《うめ》き声が聞こえると言う。

私は〝そんなことがあるものか〟と思いながら、先を急いだ。たしかに呻《うめ》き声が聞こえる。火葬場を目前にして、木の葉を貫く音と共に何かが飛び散っていく。思わず立ちすくんだ。〝ここまで来たのだ。用意した骨を見せればいい〟と考えて、ポケットの骨に手を伸ばした。私が骨を摑む前に、骨が私の指を握りしめた。それは、骨が私

に〝止めろ〟と命令しているようだった。

「何てことだ」

私は即座に引き返していた。ほとんど操り人形のように……。帰り道に四番、五番……の子に出合ったが、口も利けないほどの痛みを指から受けていた。門前に帰り着いたとき私は、

「ダメだ！　出た！」

と叫んでいた。

次々に引き返し、女の子は一人も出発さえしなかった。男十一名で骨を持って帰ったのは一人だった。彼は急にその日の英雄になった。私も『用意していた骨を見せていたら……』と思ったとき、また指先に痛みを覚えた。その痛みは腕を通って肩まで伝わった。

成功者を囲んで彼の武勇伝を聞き、彼の勇気を讃え、行事がクライマックスを迎えているときである。火葬場からの山道を、ワイワイガヤガヤと聞き慣れた話し声が近づいてきた。彼らは二年生の男子だった。リーダー格の一人が、

「火葬場には一人も来ないので帰りました」

と先生に報告した。

骨を持ち帰って得意満面だった彼の顔色が一変した。そのとき私は、『用意していた骨に助けられた』と骨に対してお礼の気持ちが湧いた。その瞬間に指先から腕への痛みが消えた。

二年生の男子は担任の先生に頼まれて、夕方から道沿いに姿を隠し、周到に小道具を用意して、私たちを脅かす任務に就いていたのだった。

私は翌日、骨を用意した火葬場に行き、丁寧に骨を埋め、その上に小さな石を乗せた。

その火葬場は、私の曾祖父が八十八歳で旅立ったとき、骨になった場所だと聞かされていた。五十年も前のことで、十二歳の夏の体験である。

人骨に助けられた記録を書き終えて、時計を見ると午前二時を少し過ぎている。床につこうと思うと同時に、左の肩から腕がピストンのように回転運動を起こし、ズンベラボーの交信が始まった。

最近の交信は、体の一部分が私の意思とは無関係に動き、これを合図で始まることが多い。その動きから幼い頃の思い出がフッと浮かび、受信が続くのである……。

今日の動きから、幼い頃に〝コックリさん占い〟を見た光景を思い出した。占い人にコックリさんが乗り移るのだと聞かされていたが、目隠しをしたままで、文字盤を順番に示して文章にしたり、ソロバンの両端を机に押しつけたままで、ソロバン珠に全く指を触れないのに珠がパチパチ動き、そこに現れた数値で占ったり……。不思議な現象を随分と見たものである。

「人骨があなたの指を摑んだ記録を読ませていただきました。そうした現象は、霊の世界から見れば当然のことです……」

で始まった。いつもと同じように穏やかな響きで続いた。

「人の肉体は霊が旅立つと、やがて土にかえります。そのとき細胞が現世で得た体験や記憶は、そのまま土に持ち帰って、そこの土に蓄積され、土の変質、変化が起こり、土は進化していきます。

もちろん、この土の進化は、人間の細胞だけが行うものではありません。現世の全ての生物の細胞が各々の体験を持ち帰ります。そして永い時を経て、土に個性が生まれます。その結果、その土で命を育むことの出来る生物が選別され、土に受け入れられない生命は他の土に移るか滅亡します。

考えてみて下さい。生き物は細菌、苔、虫にいたるまで生息場所が限定されています。その決定権は土が持っているのです。いかなる生命体も土の意思に逆らって、生き延びることは出来ません。ビジネス社会でも、繁盛したお店が手狭になって移転したとたんに倒産する例も多くあります」

私は、今まで聞いたこともなかったこともない内容に耳を傾け、ふと生き物に必要な水や空気はどうなんだろう……と思った。

「余談ですが、生き物に必要なものは水と空気です」

と交信が続いてきた。私の思いが通じたのだ。

「水は液体、気体、固体と姿を変えながら現世を移動しますが、地上に降りたときは、そこの土の個性に同化します。そこで出合った土の意思に添う働きをするのです。水が場所によって色、臭い、味……などが異なることでもおわかりでしょう。

空気も水と同じように、そこの土と同化します。

こうした土、水、空気……の合体で、その土地と言いますか、地方、場所……の風土が生まれるのです」

記録にするとぎごちないが、ズンベラボーの交信は直接聞くととても説得力があり、納得しやすい内容である。誰か他の人と一緒に聞けると良いのだが……と思っていた

ら、

「ところで、肝試しであなたが用意された人骨は既に土に同化していたのです。あなたの行為は土の意に反していました。その発信を取り次いだのが人骨で、あなたにはその発信を受信できる装置があったのです。そしてあなたは自分の意思で行為をお止めになりました。結果としてあなたは、ルール破りの苦しみを避けることが出来たと同時に、人生の旅路には落とし穴や罠、思いもよらぬ仕掛けが張り巡らされていることが体験できました。それを種に、その後の人生で多くの〝気づき〟をされたと思いますよ」

今日の交信はここで終わった。自分の体験の答えが、五十年という歳月を経て……。

意識を運ぶ

前回のズンベラボー交信は、私に新たな視点を与えてくれた。〝土の進化〟、たしかに大地が生命体の基礎を支えている。その上に、全ての生命体の生存体験を記憶、蓄積できるのであれば、大地が進化するのは当然であろう。……十分に頷ける話である。ズンベラボーに続きを聞きたいと思ったそのとき……。

「人類は自分たちの知能を最高位におき、謙虚さを失いました。たとえば生命体の現状を進化論で一括し、説明できない部分は〝突然変異〟の一言で片付けています。また原因不明の病気や、得体の知れない行動をしている人が多くなっている世相を、ストレス社会とか人間関係と言って、まことに曖昧な扱いをしています。その他にも人知の及ばないことは、〝例外〟と言って処理し、人知以下のゾーンに棄て去っています。

こうしたことは霊の世界から見れば、スタートから大きな誤りを犯しています。そのために、真理に到達することを放棄したのではないかと思うほどの回り道に入ってしまいました」

とズンベラボーから交信が来た。最近は、私の疑問に対して、回答が直接的で即座に届くようになった。嬉しい限りである。


そのとき私は、十二年前に喉頭ガンの告知を受けたときのことを思い起こした。医師の処方に従い、半年ぐらい薬局通いをした。前髪が抜け、白髪が目立ち、一見して薬の副作用と判別できる状態になっていた。薬局の女性主人が、いつものように薬を手渡しながら、

「この薬はとても良い薬なんです。だが、あなたに効くか?……となると、それは別の問題ですよ」

と私の顔色を見ながら、用心深く静かな口調で話しかけてくれた。

壁に掛けてある薬剤師の免許から推測すると、彼女の年齢は七十歳を越えており、経験の豊富さが全身に滲み出ていた。私は彼女が〝薬を売る〟というビジネスを離れて、魂で語りかけていると直感した。

「どうすれば良いんでしょう」

と言葉を返した。

「出来るなら、生まれ故郷に帰って静養されると良いんですがね。生まれた土地には、こうした病気に効く薬が必ずあるんですよ」

私は、まさか……と思いながら、

「それはどんな物でしょう?」

と聞き返した。

「第一に土地です。それに水、空気、食べ物では野草、山菜から米、果物、川魚や小動物……。その土地で育った物は、みんな薬になるんですよ。私はこの薬を服用して半年経っても効果のない方には、生まれ故郷での静養をお奨めしているんですよ。この病気に限らず『どうせ死ぬなら、生まれ故郷で……』と言って、郷里に移住して全快された方も多いのですよ。長くこの仕事を続けておりますと、不思議なことに出合うんです」


老主人の話は、私の全身の細胞に溶け込んだのだろう。

その日を限りに、診察、薬、それに科学的、医学的と考えられる治療を一切ストップした。しかし、故郷に移住できる可能性はゼロである。だが、意識を故郷に移すことは可能であると考えた。

このことに関しては、確固とした自信があった。私は幼い頃、小さな箱に乗って大空を飛び回る夢をよく見た。学校に通うようになっても、授業中にいつも飛び出し、大空から教室を見下ろしながら、自分も授業を受けていた。空を飛ぶことは、とても楽しいことだった。

ところが飛びながら、『いつか落ちるのではないか……』と心配するようになった。十二、三歳の頃から飛ぶ夢がとても恐ろしくなり、飛ぶ夢が始まると、目を覚ます努力をし、夢を途中で止めることが出来るようになった。と同時に、その夢の続きを何回にも分けて途切れ途切れに、一つの夢が完結するまで見るようになった。この習慣は六十歳を過ぎる頃まで続き、夢の記録をするようになってから次第に消えたことは、〝鼻の向きを変える〟に記したとおりである。

私は毎晩床に入ると、幼い頃の思い出を求めて、意識を故郷に運んだ。これを自分流に〝イメージ療法〟と呼ぶことにした。物心がついた幼児から、十五歳の春に進学のため故郷を離れるまでの生活を、意識の中で何回もなぞり書きをするように体験を重ねた……。

結果は、半年で霧が晴れるように正常に回復した。医師は、薬の効果を強調した。妻は、自分が全快のお祈りを続けたからだと喜んだ。息子は、もともと誤診だったのだと言った。その他にも多くの人が、思い思いの見解を聞かせてくれた。だが私は、真実を追求する気はさらさら起こらなかった……。ただ事実が嬉しかった。

「そのお話に少し補足させていただきましょう」

　ズンベラボーからの交信だ。

「まず薬局の老主人のアドバイスはそのとおりです。現代は、多くの人が誕生の地を離れた生活を強いられていますから、いろいろとヤッカイな病気が蔓延しています。生命を保つために一番大切な大地のエネルギーとの縁を細くしているのですから、止むを得ないことでしょう……。

　もう一つは、あなたが実行されたイメージ療法の効果です。おっしゃるとおり、意識は時間、空間を超えて自由に運べます。特にあなたの場合、十五歳までの生活体験をなぞられたことがとても良かったのです。それは人生で一番細胞が活力に満ち、気力が充実し、希望を持ち、夢を追う……といった芽吹きを、繰り返し繰り返し意識に植え付けられたのですから……。

　時計の時間は未来に向かう一方通行ですが、意識の時間は過去にも未来にも自由自在に流れます。これもあなたがお爺さまに教えられた『鼻の向きを変える』ことの一つでしょう」

今日の説明も、とても良く理解できた。

土に限らず、エネルギーのある所に意識を運べば良いのだ。

「ありがとう。ズンベラボー、これからも……」

まで発信したところで回線が消えた。

Ⅳ　気づきの芽

逆さ柱の因縁

ズンベラボーとの交信によって、言葉の魔力に気づかされた。最近のものでは、『わからないことはわからないこととして超然と進むように……』との忠告である。たしかに言葉どおりに超然と前進できたこともある。しかし、あの〝一言〟が、私の意識から遠く消え去っていた幼い頃からの不思議体験を蘇らせたことも多い。

その中に次のものがある。

私の実家には、〝隠居部屋〟と呼ぶ別棟があった。記録によると、その建物は明治十四年に完成している。施主は、九代目当主の九良兵衛で、自分の老後のために用意したものである。私から数えて四代前の祖先にあたる。

九良兵衛は、その建築に〝逆さ柱〟を使うことを棟梁に強く求めた。逆さ柱とは、材木の根の方を天井に向けた柱を立てることで、この地方には逆さ柱の家には〝幽霊が出る〟と、古くからの言い伝えがあった。

九良兵衛は建前の日に、親戚縁者や近所から手伝いを受けている人たちに、逆さ柱

逆さ柱を使用した隠居部屋（左の建物）。築120年だが、このとおり健在である

の木目を示しながら、

「どうしても幽霊を見て死にたいので棟梁に無理に頼んで逆さ柱にした」

と満足そうに話し、一方、棟梁は賑やかな中に浮かぬ顔で采配を揮《ふる》っていた……。

私は幼い頃に、こうした風景描写を、その場に居合わせたという古老から度々聞かされていた。当時の山村では、よほど奇異な出来事であったらしい。

現在の隠居部屋は約半分が改造されて倉庫として使われているが、二十年くらい前までは住宅としての役目をしていた。外観は今も百二十年前からの姿をとどめている。

私は十五歳の春に、遊学のため実家を離れ、七年間寄宿舎生活をした。そのため、春、夏の休暇に帰省したときは、隠居部屋の仏間が私の城であった。

私が〝部屋の主さん〟と呼ばれるようになった頃に、近所の年配者から
「幽霊がでましたか？」

とか、

「丑三つ時に天井が鳴るそうですが、どんな音がするのですか？」

などと冗談半分に聞かれることが何回もあった。

こうした話題から察すると、この聚落では、逆さ柱と幽霊の話は、その頃までは知られていたと思われる。……四十年以上も前のことである。

隠居部屋のことを二人の兄に聞いたことがある。二人とも、

「幼い頃に祖父母から『隠居部屋には近づかないこと！』ときつく言われ、恐怖心が染みついて、寝泊まりしたことは一度もない」

と言っていた。

隠居部屋を逆さ柱にすることを決心した九良兵衛の真意は、おそらく、当時の山村に蔓延していた〝迷信めいた〟ものを打ち消すための奇策であったと思われる。

ところが、この逆さ柱の隠居部屋が建てられてからの実家に不思議としか言いようのない事実が続いている。

不思議の内容は、隠居部屋の施主であった九良兵衛が〝旅立った〟明治二十一年から平成十年までの百十年間に、実家から七人の〝旅立ち〟があり、全員が〝頓死〟をしていることである。

最初は九良兵衛で、隠居部屋の仏間で寒気を訴え、炬燵《こたつ》の用意を命じながら旅立った。明治二十一年の夏のことである。

次に曾祖母が、隠居部屋の居間で客人と対座して会話の最中に居眠りを始め、そのまま旅立った。昭和四年のことである。

それに続いて曽祖父が、夕食中に不調を訴え、家人に運ばれて床につき、翌朝に母屋から旅立っている。昭和十一年の秋であった。

祖父母は隠居部屋を使用していた。祖父は、いつもの時間に起きない祖母に声を掛けた。何回呼んでも返事がないので、祖母の枕元に近づいてみると、すでに旅立っていた。昭和三十五年の春のことである。

それから二カ月後の夏に、

「足がもつれる……」

と言って、ややふらつきながら母屋に立ち寄った祖父が昼寝を始めた。突然、鼾《いびき》の音が変わり、そのまま意識が戻らず、二日後に旅立った。

父は昭和四十四年の十一月、夕食の途中で用足しに立ち、廊下から旅立った。

平成十年八月のこと、早朝に不調を感じた兄は、その日の午後に病院から旅立った。検査中のことだった。一番長患いの祖父が二日で、その他の六人は数分から数時間の変化であった。

七人が全て……というところに何か因縁めいたものを感じるのである。

私は幼い頃に祖母から『頓死は菩薩の位』と聞かされ続けていた。この地方では、頓死は旅立ち方として最高と考えられていたのである。

もしその威力が〝逆さ柱〟にあるのなら……、九良兵衛は実家に大きな贈り物を残したことになるのだが……?

この件についていは、いろいろと想い出があるが今日の記録はこれまでにしよう。

魂の休養

〝逆さ柱〟を書き終えて、時計を見ると、間もなく午前二時だ……。

「今日は何かあるのかなー」

と頭をよぎる。……少し眠気がきた。そのときである。

「その〝逆さ柱〟にどこまで書かれるのか、興味をもって覗かせてもらっていました」

いきなりの交信だった。これは〝白いズンベラボー〟だ。すぐにわかった。

「ほとんど、あなたの推測どおりですが、終わりの部分にちょっと頭をかしげる部分がありますので、オセッカイながら指摘させていただきます……。

それは〝頓死は菩薩の位〟についてです。……これは現世に生存している人たちの感想であって、〝旅立つ霊〟にとっては大きなハンディキャップになる場合が多いのです。

私の経験から言いますと、それには二つの理由があります。まず第一は、自分が〝旅立った〟という認識がないために〝旅立てない〟のです。

その次に、自分は自覚して〝旅立とう〟としても、生前に縁のあった人たちがいろいろな思いをかけて〝引き止める〟のです。

この結果、浮遊霊として現世に残ることになります。いつかお話ししましたように、霊は自分を養う必要がありませんから、眠りが正常で、時々目覚めます。

そして鉱物化すると言いましたが、別の表現をしますと、現世で愛用していた宝石とか、住宅の礎石、土間、特定の柱、井戸、通路、庭木……といったもの、子供の場合は人形、食器……といったものに〝取り付く〟のです。……時々目覚めて〝旅立とう〟とするのですが、すでに自分のエネルギーで〝旅立つ〟ことは出来ません。

そこで現世の人との〝かかわり合い〟が生まれます。つまり、取り付いている姿が見える人たちがいて、『幽霊を見た』と言うのです。

そのときに、多くの場合〝除霊〟に向かいますが、それはダメです。また帰ってきます。強いて言えば〝昇霊〟です。旅立たせてあげるのです。

それは、あなたの場合、二年前から体験しておられるように、あなたの胸から飛び出した……、そうです。あなたがおつけになった名前を使うなら、黒や黄色のズンベラボーなのです。また、実家の仏間で見られたズンベラボーの〝おしくらまんじゅう〟も同じです」

すらすらと淀みのない説明だった。不思議なぐらい素直に聞けた。

「それと、どうしても今日お話ししておきたいことがあります」

と続いて来た。

「それは以前、あなたがいろいろな面で〝行き詰まり〟を感じておられたとき、黄色いズンベラボーが、あなたの胸の上で『長い旅路の航海終えて、船が港に泊まる夜……』と歌いながら踊る姿を見て、あの〝行き詰まり〟を解決されましたね。そうです。永い〝魂歴〟から言えば、肉体を持って現世に生まれた目的は、魂の〝癒し・安らぎ〟のためなのです。

けっして競争し、比べ合い、争い、闘うためではありません。あたかも、船が長い航海の途中でエンジンを休め、点検・修理をし、また次の航海に出るために港に停泊しているようなものです。

港に停泊している船は、何万トンの客船も、何十万トンの貨物船も、三百トンの漁船も、小さなハシケやヨットも、全て同じように休養しています。船同士で比べ合ったり、競争したりしません。　船はいったん造られたら、大きくも小さくもなりません……。ここが大切なのです。

人間は肉体を持っている間に、魂の〝癒し・安らぎ〟をどれだけ得たかによって〝旅立つ世界〟が違ってくるのです。到達した世界によって、魂は大きくも小さくもなるのです。

現世で比べ合って、〝勝った、負けた〟と言うのは、大きな錯覚と言えるでしょう。

もちろん、魂の点検、修理、磨き……を怠ってはなりません」

「一つ質問させ……」

と言ったところで、次の交信が来た。

類は友を呼ぶ

私の睡眠時間のリズムは、午後十時に床につき、午前二時前後から四時頃までは目覚めている。三時に時計のように朝刊が入るので、約一時間かけて目を通し、四時からの二時間は昼寝だと思っている。

いつもは目を覚ます時間であるが、〝逆さ柱〟を書いたので、今日はまだ睡眠をとっていない。そこに〝魂の休養〟の交信が続いてきたので、文字に書き留めていた。朝刊が来るな……思ったときである。

「蛇足ですが、もう少しお話ししておきましょう」

また、白いズンベラボーからの交信である。

「〝類は友を呼ぶ〟と言いますが、魂歴の似た人が、同じ血族、同じ地域、同じ仕事集団に集まります。

あなたの実家に頓死する方が七人も続いたということは、現世での用件が終わったら〝すぐ旅立つ〟習慣の方が集まられたのです。

集会や儀礼訪問でも、用件が終わったらただちに席を立つ方と、いつまでもダラダラとムダ話をして、なかなか区切りをつけられない方があるでしょう。

頓死の家系とか、長患いの家系というのも、こうした類が友を呼んでいるのです」

そのとき、私に〝気づき〟があった。〝逆さ柱〟の家が、魂に呼びかける何かの〝標識〟だったとすれば……、仮にそれが、この世での用件が終わったら急いで〝旅立つ人〟への……。とすれば、〝逆さ柱〟の家には頓死の人が多い……。頓死の人は、霊界に昇る準備が出来にくい……。幽霊が出る……。昔からの言い伝えの根拠がここに……、と考えが繋がった。

それにしても、白いズンベラボーの話の組み立て方は面白い。話のメインと付け合わせがあり、聞き手の食欲をそそるように、そして、消化不良を起こさないように気配りされている。あたかも料理の盛りつけのように……。もしや……白いズンベラボーはあの人では……、と考えて交信の方を振り向いたが、白いズンベラボーの姿はなく、交信も途絶えた。

私が勝手な思いを巡らしていたので、白いズンベラボーの機嫌を損ねたのだろうか？

「メビウスの輪」からの解脱

新聞バイクの音が近づいてきたときである。また交信が来た。やはり白いズンベラボーからだ。

「時間は、始めもなく終わりもないと言いますが、これを直線で考えますと、理解が難しくなります。円周を考えて下さい。円周は、どこが始めでどこが終わりかわかりません。永遠に続きます……。

しかし単純な円では、いつも目の前の風景が単純な繰り返しで飽きてしまいます。その〝飽き〟を防ぐために円に細工をされているのです。〝メビウスの輪〟のように……。

あなたならおわかりでしょう……。そうです。現象としては複雑に変化する体験をしているようですが、根本においては、一つの円周を、繰り返し繰り返し回っているのです。それが〝輪廻転生〟の姿です。

こうした経験によって、〝気づいた魂〟がその円周を飛び出すのが〝解脱〟です。〝飛び出した魂〟は自由自在です。融通無碍《ゆうずうむげ》です。体験による〝気づき〟のみが、魂の財産となるのです。

気づかない魂は、いつまでも目の前の現象が変わることを進歩・進化と考えて、メビウスの輪を走り続けるのです。

輪廻転生が尊いのではありません。あくまでも、〝気づく〟ためのプロセスです」

なるほど、白いズンベラボーの話はひと味違う……と思ったそのとき、

「あなたは現在、黄色のズンベラボーと私との交信を区別して考えておられるようですが、それぞれを比較する心があってはなりません。

あなた自身に必要なとき、必要なだけの交信を、必要なズンベラボーから受信しているのです。けっして、可・否、優・劣、長・短……ではないのです。

このことをハッキリ理解されたら、あなたが対象を区別し比較される原因が、あなたの意識にまつわりついている〝汚れ〟によって生じていることに気づかれると思いますよ」

私の意識は一瞬スイッチが切れた。

「何ですか、そのお顔は……。一言で言えば、全ての原因は〝あなた自身〟にあるのですよ。当分あなたとの関わり合いが続きそうですね」

この発信はズンベラボーの笑顔からだった。初めて表情の認識が出来た。

「ありがとう」

大声で返信したのだが、回線は切れていたようだ。

「トロイの木馬」と現代文明

次の行動に取りかかろうとしたとき、また交信が来た。

「戦国時代に『七度生まれて敵を討つ』と言って絶命した武将があったと伝えられています。

しかし、何度生まれ変わって戦いを挑んでも、勝ち目のないときは、敵の中に〝潜り込む〟のが早道でしょう。以前あなたが黄色いズンベラボーからお聞きになったように、霊は母を選んで宿ります。そのとき、前世の無念を晴らすために〝敵の家庭に生まれる〟霊があっても、けっして不思議ではありません。それほど恨みの想念は強いのです。

そうした目的を持って生まれた魂の想念を消す役目を果たすのが、〝母親の愛〟です。〝母親〟と勘違いしないで下さいよ。愛のない母親には、その力はありません。

太古より、母親には愛がありました。そのために、母親の代名詞として〝慈母〟という言葉も生まれています。慈悲と言われるのも、〝母の愛〟に近いでしょう。

こうした母の愛、周囲の慈悲によって、恨みを消して、消して……、消し尽くして、ついには強い味方に育て上げるのです。大きな氷を溶かせば、多くの水が得られるように……。

『汝の敵を愛せよ』と言った先人もありますが、こうしたプロセスを示されたものと思われます。

ところが昨今、青少年の社会的事件の多発が話題になっています。その度に当局は、動機や原因を追求していますが、……霊的には、動機は〝魂が現世に宿った〟ときにあるのです。

本来なら、こうした動機は、周囲の愛や慈悲で消される〝はずであった〟のですが、何かのキッカケで、愛や慈悲の想念が途切れたり、希薄になって、動機である恨みの想念が元に戻り、〝目的を達成した〟にすぎないのです。

私はフッと、トロイ戦争の木馬を思い出した。これは、敵兵が腹に隠れていた大きな木馬を自分たちの城の中に取り込んだために、木馬の〝腹から出た〟少数の敵兵に国を亡ぼされたという故事である。

現代の科学技術、宗教、経済システム、政治制度……、これらは、無警戒に取り込んだ木馬の腹から出たものではないだろうか?……いや、それらが全て木馬かもしれない。とすれば、人類は、これから無数の敵と戦わなければならない……。おそらく、戦いでは解決しないだろう……。白いズンベラボーが示唆してくれたように、敵の動機を消し尽くすか、敵と調和するのが早道だろうが……と思いを巡らしているとき、また交信だ！

「祈り、祈り、祈りは光……、光で身を包んだ者に刃は立たない」

これが第一声だった。続いて、

「トロイの木馬とは、良いところに気づかれましたね。たしかに、『手を出さなければ何も得ることは出来ない！』と考えがちです。しかし、『手を出さないことによって得られるものがある』ことを知ることも大切です」

そのとき、また私の意識に気づきがあった。

昔々、一人の武将が、弓を持って敵に対峙しているとき、一羽の鳥がその弓に止まり、黄金の光を放ったので、敵は退散し、その武将は勝利を収めた……という物語である。

光のもとが祈りであるとすれば……、祈りのもとは……と思ったときだった。

そうだ。「成り行き！」と言う交信があった。……とすれば、感情でも知性でも頭脳でもない……。

「魂が生み出すエネルギーだ！」と自然に口走ったとき、……白いズンベラボーの楽しそうな姿が見えた。

さらに交信は続いた。

「それは間違いではありません。しかし、もしあなたが光を求めるために〝祈り〟を行っておられるのなら、もう一歩考えを進めて下さい。

たしかに、魂が生み出すエネルギーが光のもととなり、その人を守り、魂の進化にも無縁ではありません。だが同時に相手を倒す武器にもなるのです。

武器は、扱い方を熟知することと、保存管理が最も重要なことをお忘れにならないように……。これを誤れば、〝自爆・自滅〟の報いを受けることになりますよ。念のために……」

ここで回線が途絶えた。

それにしても今朝は〝魂の休養〟から〝類は友を呼ぶ〟〝解脱〟〝トロイの木馬〟と交信が続いた。ズンベラボーが先を急いでいるのだろうか？　あるいは、私の現世での時間が……。それとも〝気づき〟を金科玉条《きんかぎょくじょう》のように求めてきた私への警鐘なのだろうか……。

飛び散るままに想いを巡らしていると、眠りが私の意識を連れ去った。

（平成十二年三月十二日　第一部了）

●あとがき

人類は遠い昔から、自分はどこから来て、どこに旅立って行くのか？〝知りたい〟という欲求を胸に秘め続けています。

この願いに対して科学は常に「科学で証明できるものだけを信じなさい」と抑圧的にのしかかってきました。

さらに科学は、証明できないものを信じることを迷信と決めつけるまでに増長した感があります。

このことは、人間が本来持っている直感や創造的想念を削り取り、精神面を軽視する結果に繋がっていると言っても過言ではないでしょう。

多くの人は、「何か変だ」と気づきながら

も、科学文明が与えてくれる豊かさに目を奪われ、こうした科学の横暴を許してきました。

この弊害は、今や現代社会の各方面にあたかも癌細胞のように蔓延していると思われます。

もちろん、高度に進歩した現代社会を、科学技術を否定して維持することはできません。

今、大切なことは、少しでも精神生活に身をおく態度に修正することです。そうしなければ、人類は袋小路に迷い込むのではないでしょうか……?

本書は「見えないことでも信じる心、信じていることは、いつか実現する」といった素朴な精神力に、少しでも目を向けていただくためのお役に立てば……と体験を綴ったものです。

第二部では、私のつたない体験をとおして、今までにお付き合いくださった方々との点が線になり、線が現実を吸い込む広い道となった実例を中心に報告させていただきます。

この本づくりにあたっては、たま出版の田中靖良さんにいろいろお世話になりました。

末筆ながらここに、厚くお礼申し上げます。

平成十二年十一月

佐々木　正禮

●著者略歴

佐々木　正禮（ささき　まさひろ）

昭和10年広島県生まれ。
昭和33年同志社大学法学部卒業。
気づき、感じる仕組みを研究し、
「集団感化による自己突破法」を創案。
このプログラムを基に社員研修に従事。
現在、自己改革アドバイザー。
著書「能力開発で会社は伸びる」
「自分をととのえる本」

気づき体験記　旅する魂たちとの不思議な対話

2001年3月15日　初版第1刷発行

著　者　佐々木　正禮
発行者　韮澤　潤一郎
発行所　株式会社 たま出版
〒107-0052　東京都港区赤坂6-4-18
電話　03-3560-1536（代表）
03-3814-2491（営業）

印刷所　株式会社平河工業社

乱丁・落丁本はお取り替えいたします。

ISBN4-8127-0138-4 C0095

日本音楽著作権協会（出）　許諾第0016672-001号